张维合　邓成林　著

汽车注塑模具设计
全图解教程

·北京·

图书在版编目（CIP）数据

汽车注塑模具设计全图解教程/张维合，邓成林著．—北京：化学工业出版社，2017.10 (2023.2重印)
ISBN 978-7-122-30440-7

Ⅰ．①汽… Ⅱ．①张… ②邓… Ⅲ．①汽车-注塑-塑料模具-设计-教材 Ⅳ．① U463

中国版本图书馆 CIP 数据核字（2017）第 195863 号

责任编辑：贾　娜　　　　　　　　　　装帧设计：刘丽华
责任校对：宋　夏

出版发行：化学工业出版社（北京市东城区青年湖南街13号　邮政编码100011）
印　　装：北京虎彩文化传播有限公司
787mm×1092mm　1/16　印张 14¼　字数 325 千字　2023年 2 月北京第 1 版第 6 次印刷

购书咨询：010-64518888　　　　　　　售后服务：010-64518899
网　　址：http://www.cip.com.cn
凡购买本书，如有缺损质量问题，本社销售中心负责调换。

定　　价：98.00元　　　　　　　　　　　　　　　　　版权所有　违者必究

前言

随着电动汽车与无人驾驶技术以及新能源汽车时代的到来，汽车轻量化设计将是汽车设计的必然趋势，而实现汽车轻量化目标的手段就是以塑代钢。比如以前用金属制造的油箱和前、后保险杠等大型零件，现在都改用塑料制造。因塑料不但质量轻，而且安全性更好。塑料大量应用于汽车行业，必将对塑料行业与汽车注塑模具行业带来一个新的历史机遇。

2016 年 10 月，中国汽车工程学会发布《节能与新能源汽车技术路线图》。路线图中指出，预计到 2020 年、2025 年、2030 年，汽车整车质量将比 2016 年分别减重 10%、20% 和 35%。某机构预计，未来几年汽车行业将成为塑料消费量增速最快的领域。汽车塑料用量的迅猛发展，必然推动汽车注塑模具行业的高速发展。

汽车塑料零件的特点是尺寸大、精度高、结构复杂以及批量大，因此汽车注塑模具一般都是大型、精密、复杂和长寿命注塑模具。汽车属于贵重交通工具，附加值高，汽车注塑模具通常都采用最先进的技术、最科学的结构以及最优良的钢材和标准件。

由于汽车注塑模具结构复杂，用文字描述往往比较抽象。为此我们耗时两年编写了本书，采用 UG 软件，通过图形具体、形象地将汽车注塑模具的设计规范和标准展示给读者，使读者对其结构形式和参数大小一目了然。全书共分 9 章，包括成型零件设计、斜顶侧向抽芯机构、滑块侧向抽芯机构设计、浇注系统设计、温度控制系统设计、模架及顶出系统设计、标准件以及制造工艺标准，最后以保险杠设计为例，详细阐述了汽车注塑模具的结构特点、设计方法以及常见问题与解决方案。

汽车注塑模具的设计规范和标准对其他注塑模具同样适用，因此本书不仅可供从事汽车注塑模具设计的工程技术人员学习参考，也可作为从事其他注塑模具设计的工程技术人员的参考书籍。本书描述具体形象，易学易懂，对大学院校相关专业的莘莘学子，尤其适用。

本书在编写过程中得到了广东科技学院，湖南师范大学，广东优胜模具培训学院，安徽江淮汽车研究院，天津众博科技有限公司的大力支持，广东科技学院周二勇副院长、高俊国主任、莫夫副主任和闫丽静、姜炳春、刘方方、胥永林、张艳华等老师，湖南师范大学党委办公室沈又红主任，广东优胜模具培训学院陈国华、袁迈前、谢东臣、陈石福、章庆华、谢阳毅、卿笃成等老师都给我们编写此书提供了很多宝贵的意见和有益的资料，在此一并致以谢意！

由于著者水平所限，不足之处在所难免，敬请广大读者批评指正。

著者

目录

第1章 成型零件设计 ... 1
1.1 分型面设计规范 ... 1
1.1.1 封料面 ... 2
1.1.2 避空面 ... 4
1.1.3 对插面 ... 5
1.1.4 倒 R 角标准 ... 6
1.1.5 排气槽设计标准 ... 7
1.1.6 圆柱和凸台 ... 9
1.1.7 导锁标准 ... 10
1.1.8 基准角 ... 12
1.2 AB 板模框设计标准 ... 13
1.2.1 整体式模框要求 ... 13
1.2.2 镶拼式模框要求 ... 14
1.2.3 汽车仪表板注塑模具模框要求 ... 15
1.3 结构设计一般要求 ... 16
1.3.1 型腔结构相同或对称的模具设计 ... 16
1.3.2 加强筋标准 ... 17
1.3.3 加强筋镶块结构 ... 17
1.3.4 超高式镶块结构 ... 18

第2章 斜顶侧向抽芯机构设计 ... 19
2.1 斜顶及斜顶块标准 ... 19
2.1.1 斜顶角度标准 ... 19
2.1.2 斜顶块基准面标准 ... 21
2.1.3 斜顶杆安装方式 ... 22
2.1.4 斜顶块 R 角要求 ... 23
2.2 斜顶块形式分类 ... 24
2.2.1 斜顶块安装形式 ... 24
2.2.2 镶拼式斜顶形式 ... 24
2.3 斜顶滑座 ... 25

    2.3.1 斜顶滑座形式 25
    2.3.2 MISUMI 滑座安装方式 26
  2.4 斜顶水路设计 28
    2.4.1 单杆斜顶不循环水路设计 28
    2.4.2 单杆斜顶块循环水路设计要求 28
    2.4.3 双杆斜顶块循环水路设计要求 29
  2.5 斜顶块设计步骤 29
    2.5.1 确定抽芯方向、距离、角度等 29
    2.5.2 斜顶杆、导套、滑脚及冷却设计 30
    2.5.3 第一次斜顶块运动分析检查 30
    2.5.4 基准、工艺外框及采购 31
  2.6 斜顶机构设计规范 31
    2.6.1 普通斜顶结构 31
    2.6.2 平行导向杆斜顶结构 32
    2.6.3 增大延迟角度斜顶结构 33
  2.7 复杂斜顶设计 34
  2.8 斜顶的安装方式 36

第3章 滑块侧向抽芯机构设计 37

  3.1 滑块一般设计规范 37
    3.1.1 滑块斜导柱抽芯角度标准 37
    3.1.2 有哈夫线要求的滑块设计要点 38
    3.1.3 镶块式滑块定位设计 39
    3.1.4 滑块侧边及底部耐磨板设计要求 40
    3.1.5 滑块限位块及弹簧衬套设计 41
  3.2 滑块与压条 42
    3.2.1 滑块大小与压条规格 42
    3.2.2 滑块导向及配合间隙 43
    3.2.3 压条厚度设计 45
    3.2.4 压条长度设计 45
  3.3 斜导柱与油缸抽芯 46
    3.3.1 斜导柱抽芯特征 46
    3.3.2 油缸抽芯特征 47
  3.4 典型抽芯机构 48
    3.4.1 滑块保护杆设计 48
    3.4.2 滑块弹针顶出结构 49
    3.4.3 滑块镶针结构设计 51
    3.4.4 副仪表（中央通道）拉钩机构设计 51
  3.5 滑块设计标准及注意事项 53

3.5.1　滑块的定位及锁紧方式 ································· 53
　　3.5.2　滑块与侧向抽芯的连接方式 ························· 54
　　3.5.3　滑块的限位方式 ··· 54
　　3.5.4　滑块的导向方式 ··· 56
　　3.5.5　滑块托板的连接方式 ·· 57
　　3.5.6　滑块定模的定位形式 ·· 58
　　3.5.7　滑块驱动形式 ··· 58
　　3.5.8　油缸驱动的动作原理 ·· 60
　　3.5.9　定模弹块的设计要求及注意事项 ···················· 63
　　3.5.10　动模弹块的设计要求及注意事项 ·················· 64
　　3.5.11　滑块弹针弹块的设计 ······································ 64
　　3.5.12　滑块拉钩的设计标准及应用场合 ·················· 65
　3.6　斜向滑块设计标准及要求 ·· 66

第4章　浇注系统设计·· 67

　4.1　产品设计要求 ·· 67
　　4.1.1　增加产品脱模角度 ··· 67
　　4.1.2　加强筋厚度要求 ··· 68
　4.2　浇口形式 ·· 69
　　4.2.1　侧浇口 ··· 69
　　4.2.2　搭接浇口 ··· 69
　　4.2.3　扇形浇口 ··· 70
　　4.2.4　潜伏式浇口 ··· 70
　　4.2.5　香蕉浇口 ··· 70
　　4.2.6　点浇口 ··· 71
　4.3　流道及拉料杆 ·· 71
　　4.3.1　进浇口流道要求 ··· 71
　　4.3.2　拉料杆及冷料穴 ··· 72
　4.4　其他热流道标准 ·· 73
　　4.4.1　热射嘴凸台标准 ··· 73
　　4.4.2　热射嘴出线槽 ··· 74
　　4.4.3　热流道板标准 ··· 75
　　4.4.4　浇口套 ··· 76
　　4.4.5　定位圈与定位圈 - 封胶设计 ······························ 76
　　4.4.6　注射压力计算 ··· 78
　　4.4.7　浇注系统的构成及选用 ····································· 78
　　4.4.8　热流道主浇口设计 ··· 78
　4.5　热流道的安装位置及注意事项 ···································· 81
　4.6　热流道定位圈的设计标准及注意事项 ························ 82

4.7　汽车注塑模具浇注系统设计实例 ··· 83
　4.7.1　汽车门板浇注系统 ··· 83
　4.7.2　汽车保险杠浇注系统 ·· 86
　4.7.3　汽车中央通道浇注系统 ··· 86
　4.7.4　汽车仪表板浇注系统 ·· 88
　4.7.5　汽车前大灯反射镜浇注系统 ·· 90
　4.7.6　汽车后视镜基座浇注系统 ·· 90
　4.7.7　汽车前大灯透镜浇注系统 ·· 90
　4.7.8　汽车前门地图袋骨架浇注系统 ·· 91
　4.7.9　汽车衣帽架浇注系统 ·· 91
4.8　汽车注塑模具成型零件尺寸设计实例 ·· 92
　4.8.1　汽车保险杠注塑模具成型零件尺寸设计 ·· 92
　4.8.2　汽车仪表板注塑模具成型零件尺寸设计 ·· 93
　4.8.3　汽车门板注塑模具成型零件尺寸设计 ··· 93
　4.8.4　汽车中央通道注塑模具成型零件尺寸设计 ··· 93
　4.8.5　汽车进气格栅注塑模具成型零件尺寸设计 ··· 94
　4.8.6　汽车导流板注塑模具成型零件尺寸设计 ·· 95
　4.8.7　汽车扰流板注塑模具成型零件尺寸设计 ·· 95
　4.8.8　汽车左右下扰流板注塑模具成型零件尺寸设计 ··· 95
　4.8.9　汽车装饰条注塑模具成型零件尺寸设计 ·· 96
　4.8.10　汽车格栅上装饰条注塑模具成型零件尺寸设计 ······································· 96
　4.8.11　汽车仪表板本体注塑模具成型零件尺寸设计 ·· 97
　4.8.12　汽车上仪表板本体注塑模具成型零件尺寸设计 ······································· 97
　4.8.13　汽车手套箱注塑模具成型零件尺寸设计 ·· 98
　4.8.14　汽车除霜风道注塑模具成型零件尺寸设计 ··· 98
　4.8.15　汽车地图袋注塑模具成型零件尺寸设计 ·· 98
　4.8.16　汽车左右扶手注塑模具成型零件尺寸设计 ··· 99
　4.8.17　汽车挡泥板注塑模具成型零件尺寸设计 ·· 99
　4.8.18　汽车座椅背板注塑模具成型零件尺寸设计 ··· 100
　4.8.19　汽车A柱注塑模具成型零件尺寸设计 ·· 100
　4.8.20　汽车B柱注塑模具成型零件尺寸设计 ·· 101
　4.8.21　汽车C柱注塑模具成型零件尺寸设计 ·· 101

第5章　温度控制系统设计　103

5.1　冷却系统设计规范 ··· 104
　5.1.1　冷却水管位置设计 ··· 104
　5.1.2　水路连接要求 ··· 105
　5.1.3　热流道热射嘴冷却水设计 ·· 106
　5.1.4　单个循环水路与单个水孔长度标准 ·· 107

5.1.5	水嘴与集水器设计	108
5.1.6	水孔位置设计	109
5.1.7	镶拼式模具水路设计要求	109

5.2 冷却水孔形式 ... 110

5.2.1	直通式	110
5.2.2	倾斜式	111
5.2.3	平面环绕式	112
5.2.4	螺旋式	112
5.2.5	隔片式	112
5.2.6	凹模环形连通式	113
5.2.7	喷泉式	113
5.2.8	良导体式	113

5.3 其他水路设计要求 ... 114

5.3.1	冷却水孔及水嘴底孔	114
5.3.2	翻水孔及螺塞底孔规格	114
5.3.3	集水器	115
5.3.4	门板喇叭孔镶块水路要求	115

5.4 冷却系统设计一般标准 ... 116

5.4.1	冷却水道位置设计	116
5.4.2	水井与相对应水管尺寸设计标准	116
5.4.3	冷却水嘴钻孔设计	117

5.5 汽车注塑模具冷却系统设计实例 ... 118

5.5.1	汽车中央通道注塑模具冷却系统	118
5.5.2	汽车衣帽架注塑模具冷却系统	119
5.5.3	汽车中央通道储物盒注塑模具冷却系统	119
5.5.4	汽车后保险杠注塑模具冷却系统	120
5.5.5	汽车手套箱冷却系统	120
5.5.6	汽车门板注塑模具冷却系统	120
5.5.7	汽车前大灯灯壳冷却系统	121
5.5.8	汽车前大灯装饰框注射模具冷却系统	122

第 6 章 模架及顶出系统设计 ... 123

6.1 模架要求 ... 123

6.1.1	模具大小分类标准	123
6.1.2	模架材质和硬度	124
6.1.3	模具大小与顶针板厚度尺寸	124

6.2 顶出系统 ... 125

6.2.1	复位杆及垃圾钉	125
6.2.2	副导柱和副导套	126

6.2.3	导柱复位杆、副导柱选用	127
6.2.4	地侧耐磨板辅助支撑形式	128
6.2.5	支撑柱标准及规格尺寸	129
6.2.6	模架外侧保护柱设计	130
6.2.7	推杆、推管头部限位及防转	131
6.2.8	推杆位置	132
6.2.9	顶出限位块	132
6.2.10	推杆设计一般规范	133

6.3 直顶块设计 135

6.3.1	直顶块设计要求	135
6.3.2	直顶块安装形式	135
6.3.3	直顶杆结构形式	136
6.3.4	直顶块工艺螺钉排布规则	136
6.3.5	推块设计规范	137

6.4 螺钉排布及撬模槽 138

6.4.1	推杆板螺钉排布及规格	138
6.4.2	模脚螺钉设计	139
6.4.3	撬模槽设计	140

6.5 顶出油缸及油路 140

6.5.1	油缸安装及油缸连接件规格尺寸	140
6.5.2	油缸的选用及其相关配件设计	141
6.5.3	顶出油缸的布置	142
6.5.4	内接油路连接形式及其要求	143
6.5.5	油缸压力计算	144
6.5.6	油缸长度计算	144
6.5.7	氮气复位弹簧	145

第7章 标准件 146

7.1 平面调整块规格及分布规则 146

7.2 耐磨块设计 148

7.3 耐磨板排布规则及其标准尺寸 149

7.4 推管装配形式 150

7.5 导柱导套设计 151

7.5.1	导柱导套安装形式	151
7.5.2	导柱导套设计要求及斜导柱对其影响	152
7.5.3	导柱导套设计标准及选用要求	153
7.5.4	推杆板圆形导柱导套设计准则	154

7.6 方导柱设计 156

7.6.1	方导柱标准及规格	156

7.6.2	方导柱布置及高度	158
7.6.3	方导柱类型	159
7.7	斜导柱形式及规格	160
7.8	一度定位块设计	161
7.9	日期镶件设计	162
7.10	行程开关及线槽设计	162
7.11	精定位设计	164
7.12	吊环螺孔及销钉孔设计	165

第 8 章 制造工艺要求 … 167

- 8.1 主要模板及零件制造工艺要求 … 167
  - 8.1.1 大镶块开粗工艺要求 … 167
  - 8.1.2 大滑块开粗工艺要求 … 168
  - 8.1.3 顶杆开粗工艺要求 … 169
  - 8.1.4 水路开粗工艺要求 … 169
  - 8.1.5 有冷却水管和无冷却水管工艺结构设计 … 170
  - 8.1.6 斜顶直顶工艺结构设计 … 172
- 8.2 其他结构制造工艺要求 … 173
  - 8.2.1 斜水管工艺结构设计 … 173
  - 8.2.2 模板上工艺螺孔设计 … 173
  - 8.2.3 半成品模具零件工艺结构设计 … 175
  - 8.2.4 直顶带斜顶备料要求 … 175
  - 8.2.5 模板工艺倒角设计 … 177

第 9 章 汽车保险杠注塑模具设计实例 … 178

- 9.1 浇注系统设计 … 178
  - 9.1.1 浇口位置及大小 … 179
  - 9.1.2 模流分析的重要性 … 182
  - 9.1.3 流道的排气设计 … 183
- 9.2 侧向抽芯机构设计 … 183
  - 9.2.1 大斜顶结构设计 … 184
  - 9.2.2 斜推导轨设计 … 185
  - 9.2.3 大斜顶工艺螺孔设计 … 186
  - 9.2.4 侧向抽芯中弹针的设计 … 187
  - 9.2.5 侧向抽芯中拉钩的设计 … 188
  - 9.2.6 大斜顶的封料和导向 … 189
  - 9.2.7 大斜顶耐磨片设计 … 189
- 9.3 脱模机构设计 … 190
  - 9.3.1 顶出油缸固定方式 … 190

9.3.2　氮气弹簧设计 ………………………………………………… 190
9.3.3　调整垫片设计 ………………………………………………… 191
9.3.4　型腔顶块设计 ………………………………………………… 191
9.3.5　脱模系统常见问题及解决措施 ………………………………… 192
9.3.6　油缸顶出注意事项 ……………………………………………… 193
9.4　模具型腔强度设计 …………………………………………………… 193
9.5　模具冷却系统设计 …………………………………………………… 194
9.5.1　冷却水管的位置 ………………………………………………… 194
9.5.2　热射嘴附近冷却水设计 ………………………………………… 195
9.5.3　斜推杆冷却系统设计 …………………………………………… 196
9.5.4　斜顶块冷却系统设计 …………………………………………… 198
9.5.5　冷却系统设计注意事项 ………………………………………… 200
9.6　保险杠注塑模具常见问题分析及解决措施 …………………………… 202
9.6.1　在试模过程中拉变形导向杆断裂 ……………………………… 202
9.6.2　直顶擦伤定模 …………………………………………………… 202
9.6.3　保险杠产品局部收缩大 ………………………………………… 203
9.6.4　司筒和司筒内针顶弯或爆裂 …………………………………… 204
9.6.5　塑件表面有凹痕 ………………………………………………… 204
9.6.6　热射嘴处漏胶 …………………………………………………… 205
9.6.7　塑件表面有顶块顶变形的痕迹 ………………………………… 206
9.6.8　塑件通孔处有飞边 ……………………………………………… 206
9.6.9　斜顶尾部将塑件顶变形 ………………………………………… 207
9.6.10　斜顶温度过高 ………………………………………………… 208
9.6.11　塑件分型线处段差过大 ……………………………………… 209
9.6.12　塑件表面拖伤 ………………………………………………… 210
9.6.13　塑件有熔接痕及困气 ………………………………………… 211
9.6.14　斜顶擦伤 ……………………………………………………… 211
9.6.15　塑件粘定模 …………………………………………………… 212
9.6.16　塑件格栅变形 ………………………………………………… 212
9.6.17　塑件通孔处有飞边 …………………………………………… 213

参考文献 ……………………………………………………………………… 214

第1章

成型零件设计

 1.1 分型面设计规范

在模具中,能够取出制品或流道凝料的可分离的接触面叫分型面。分型面有单分型面、双分型面、多分型面,其形状和数量取决于塑料制品的形状。分型面设计的原则是尽量采用与开模方向垂直的平拉分型面,接着依次是斜面、阶梯面和曲面分型面。分型面不能和开模方向平行,与开模方向的倾斜角度不宜小于 3°。即使是曲面或倾斜分型面,其两端也要设计成与开模方向垂直的平面,分型面上尽量避免尖角利边,以方便加工、定位及保证模具刚度。

分型面一般由封料面(又称封胶面)、避空面、排气槽和定位面组成。封料面可以是和开模方向垂直的平面,也可以是与开模方向成一定角度的对插斜面,或者是圆弧面、复杂的空间曲面,也可以是这些面的组合。避空面是为了减少动定模的接触面积,减小配模工作量,提高模具使用寿命。排气槽的作用是注射时及时将型腔和浇注系统内的空气排出,开模时要及时引进空气,避免在成型塑件和定模腔之间产生真空,导致脱模困难。定位面的作用是提高模具的刚性、寿命和保证成型塑件的尺寸精度。

分型面一般都优先做延伸,不能延伸处做网格面,扫掠面接顺。或者先延伸 10～15mm 封胶再拉伸,拉伸面与延伸面交界处做 R 角过渡。对于汽车门板类模具中间地图袋,门把手碰穿区域,分型面先供产品形状延伸 15～30mm,然后中间做大面过渡,因为封料面精度高,加工要求高,需做延伸,非封料面精度低些,做大面过渡即可。

1.1.1 封料面

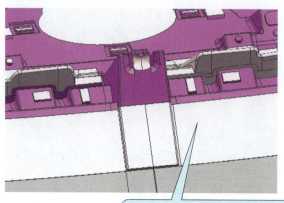

封料面大模取30～50mm,小模取20～25mm(封料面尽可能光顺,不要出现扭曲面和尖角)。

图1.1　封料尺寸

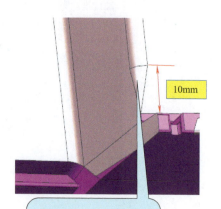

分型面从产品开始倒角,相接部分采用渐变式R角。

图1.2　封料结构

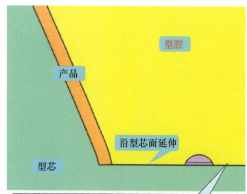

分型面尽量采用延伸。做分型面时先延出去再说,已成业界行话。分型面设计思路是先延伸30～50mm,分型面根据产品形状构建。延伸出来有缝隙扭曲的面,删掉做网格,扫掠面过渡。

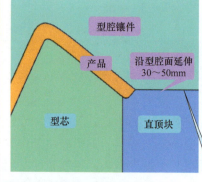

先延伸30～50mm,再平拉出去,做R角过渡,保证分型面是面封胶,避免点线封胶。汽车注塑模具分型面尽量少用拉伸,防止分型面飞边。

图1.3　分型面尽量平拉（一）

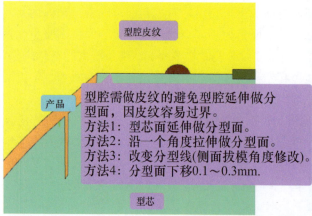

型腔需做皮纹的避免型腔延伸做分型面,因皮纹容易过界。
方法1：型芯面延伸做分型面。
方法2：沿一个角度拉伸做分型面。
方法3：改变分型线(侧面拔模角度修改)。
方法4：分型面下移0.1～0.3mm。

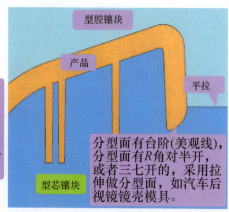

分型面有台阶(美观线),分型面有R角对半开,或者三七开的,采用拉伸做分型面,如汽车后视镜镜壳模具。

图1.4　分型面尽量平拉（二）

①延伸：适用于型腔有皮纹的产品，分型面以型芯延伸，且客户不能加胶。

②拉伸：适用于分型面有台阶，有R角对半开、三七开的模具。

③延伸：适用于型腔无皮纹的产品，分型面以型腔面延伸，作无界分型面且客户有加胶要求时。

分型面设计要点：分型面优先适用延伸、网格、扫掠，尽量少用拉伸。因为拉伸为点线封胶，分型面易飞边，延伸、网格为面封胶，分型面配合好，不易飞边。

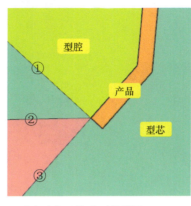

图 1.5 不同要求下分型面的设计

当产品表面无皮纹要求时，分型面采用型腔无界分型面，产品壁厚留在型芯侧。

当产品表面有皮纹要求时，将产品壁厚留在型腔侧便于加工皮纹，并需报告给客户确认。

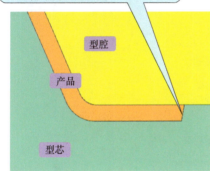 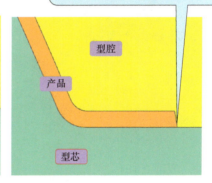

图 1.6 分型面特殊情况

分型面延伸做光顺过渡时，分型面优先采用产品面的延伸面。

此类产品分型面平拉型芯加工困难，且型芯R角凸出平面很少。此类情况必须通知客户，尽可能更改产品。

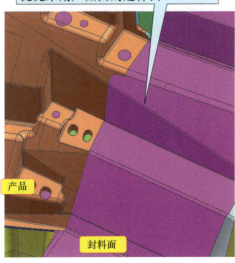

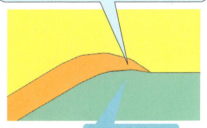

圆弧凸出分型面

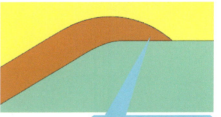

产品加厚，将圆弧改为平拉面相接。

图 1.7 分型面的改良

1.1.2 避空面

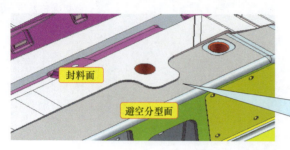

封料面
避空分型面
型腔型芯模板四周避空，分型面尽可能采用平面，便于加工。

图 1.8　分型面的避空

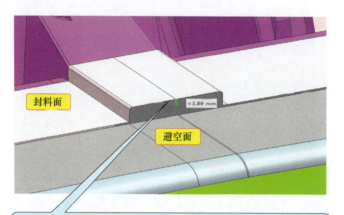

封料面
=3.89 mm
避空面
在非模板四周避空面上，封料面与其避空面落差小于或等于5mm时，避空面尽可能光顺过渡，当落差大于5mm时，避空面按分型面形状避空1mm。

图 1.9　避空面的设计

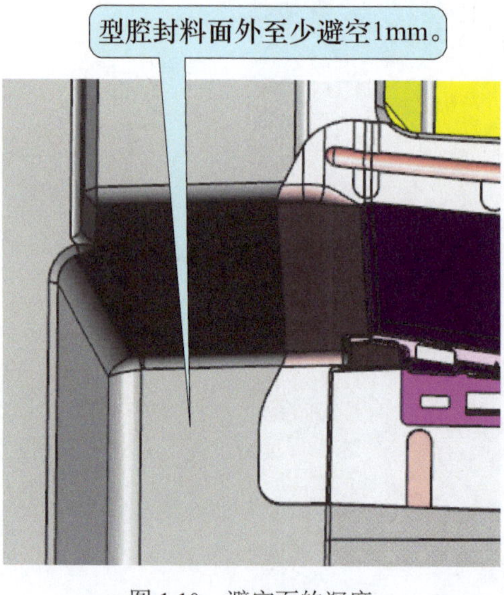

型腔封料面外至少避空1mm。

图 1.10　避空面的深度

第1章 成型零件设计

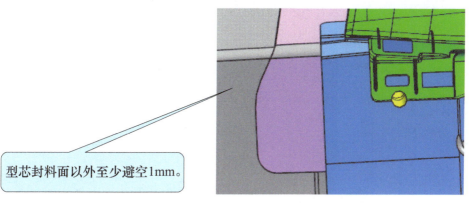

型芯封料面以外至少避空1mm。

图 1.11　动模型芯避空面

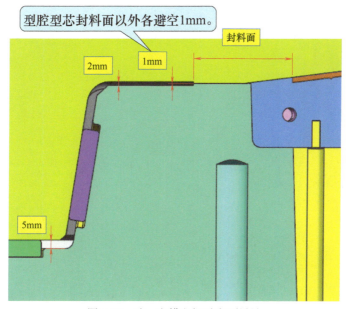

型腔型芯封料面以外各避空1mm。

图 1.12　动、定模之间避空面设计

1.1.3　对插面

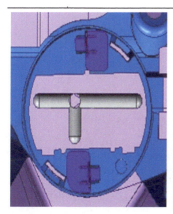

汽车注塑模具设计中，分型面优先做7°以上对插。对于对插面小于5°的必须提交客户确认，建议客户做7°插穿，从而有利于分型，提高模具寿命。

产品对插面仅1°，对插面高150mm。采用标准0°定位块起不到保护作用。模具易拉毛，产品容易出飞边。附近需要设计1°定位。

图 1.13　对插面设计

1.1.4 倒R角标准

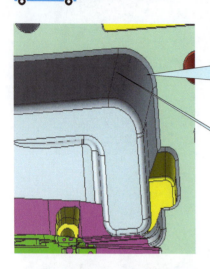

模具分型面上的R角不但方便加工，而且消除了尖角处的应力集中，避免了应力开裂导致的模具损坏。

R角尽可能设计成φ40mm以上。

(a)

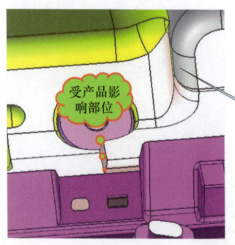

受产品影响部位

除了受产品影响的部位，其他任何位置都不能有锐边尖角，尽量做到平滑过渡。

(b)

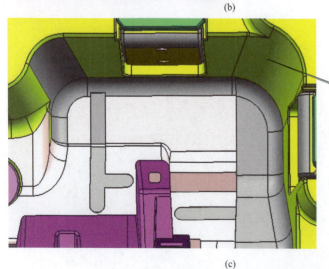

在条件允许范围内R应尽可能大，以便CNC可以直接加工完成。根据加工条件，R角尽可能整数递增(刀半径10mm，则设计R12mm，比半径增加了2mm)。常用刀具直径及加工极限尺寸见表1.1。

(c)

图1.14 分型面上R角设计

表 1.1　刀具加工极限　　　　　　　　　　　　　　mm

刀具直径	普通机床加工极限	高速机床加工极限	备注（圆角要求 R）	镗刀直径	加工极限	备注
1		18		20.5～30.6	230	
2		15		25.5～47	280	
3		15		32.5～60	250	
4	20	30		铰刀直径	加工极限	备注
6	30	40	4	5	65	
8	40	50	5	6	70	
10	50	60	6	7	80	
12	60	72	7	7.5	80	超出以上铰刀长度范围的需使用普通铰刀加工，请提前采购或定制
16	120	120	9	8	85	
20	170	170	12	10	105	
25	240	240	14.5	12	120	
35	300	300	19.5	16	140	
50	400	400	28	20	160	
63	500	500	40			

1.1.5　排气槽设计标准

汽车注塑模大多数都是大型或中型模具，型腔内有大量空气，熔体快速进入型腔时，这些空气必须及时排出。在开模时，产品和型腔壁之间又必须及时进入空气，否则会产生真空，导致脱模困难。因此汽车注塑模在设计阶段就要高度重视排气系统的设计。很多成型缺陷，如产品表面形成流痕、气纹、接缝，表面轮廓不清，填充不足，或局部飞边，局部炭化烧焦，产生气泡、熔接痕等都是排气系统不合理造成的。

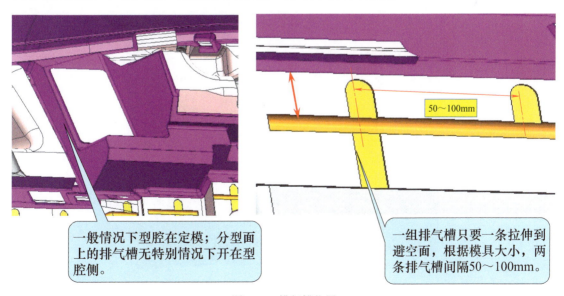

图 1.15　排气槽位置

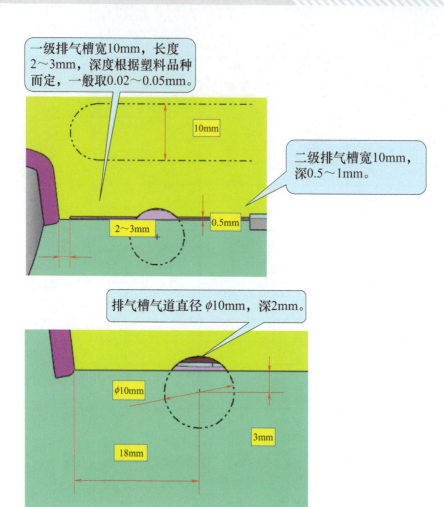

图 1.16 排气槽大小

图 1.17 仪表板模具滑块排气槽设计

导柱导套排气

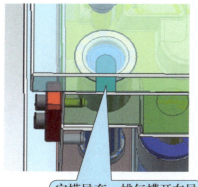
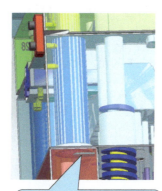

定模导套,排气槽开在导套上边的那块板上!排气槽15mm宽,5mm深。

动模导套,排气槽开在模肢内侧,排气槽15mm宽,5mm深。

图 1.18　定动模导套排气槽设计

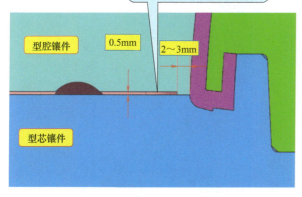
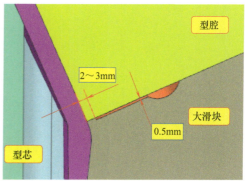

产品两面分胶时,排气槽优先开在型腔侧。

图 1.19　两面分胶排气槽设计

1.1.6　圆柱和凸台

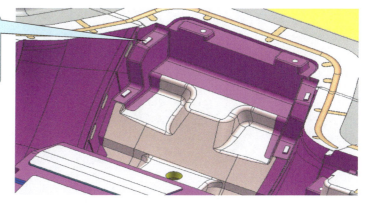

圆柱和凸台如果放在型腔上好加工或易于做皮纹,就尽可能留在型腔上。

图 1.20　圆柱和凸台处排气槽设计

1.1.7 导锁标准

导锁，需保证CNC一次性加工出来。一般设计参数为：如果是150mm的深度，最小需采用R15mm的刀具加工，侧壁R与底部R都需做到R15mm以上。对于仪表板与保险杠等深腔模具，腔深通常在300～700mm左右，需采用大型五轴机床与非标加具加工，常规机床与刀具不能满足。

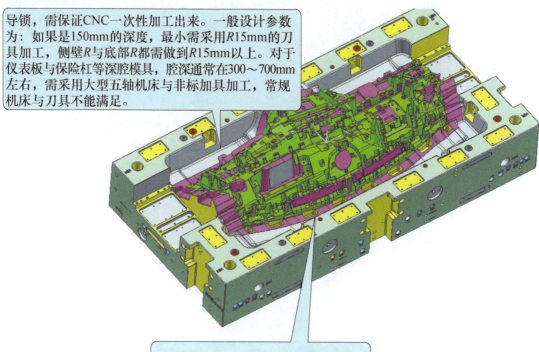

汽车仪表板模具必须用四周的导锁。

图 1.21　仪表板模具导锁设计

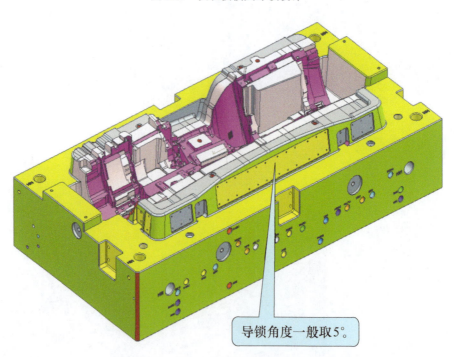

导锁角度一般取5°。

图 1.22　导锁尺寸设计

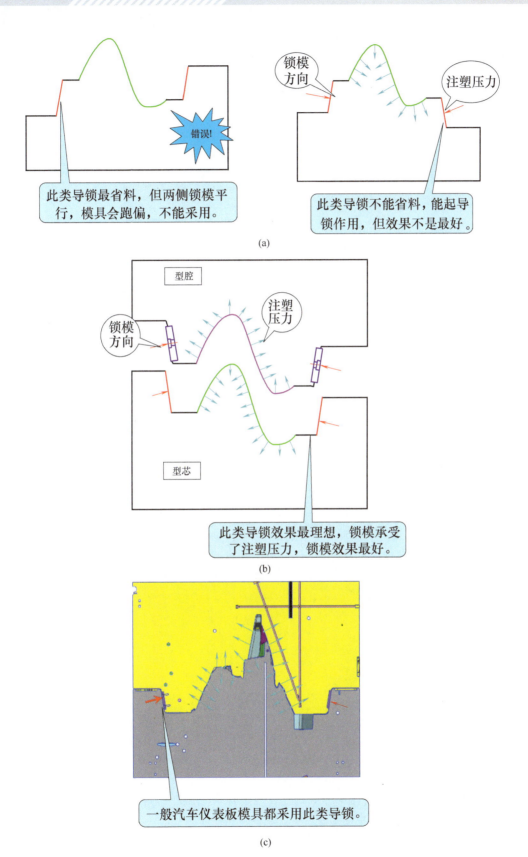

图 1.23 分型面上导锁设计

1.1.8 基准角

为了方便加工和维修，模具必须设计基准角。

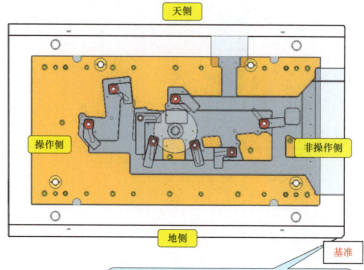

基准角置于地侧的右下角。有些公司是位于天侧右上角，具体可根据每个公司的实际要求。不过基准角一般都是地侧右下角。

图 1.24　基准角位置

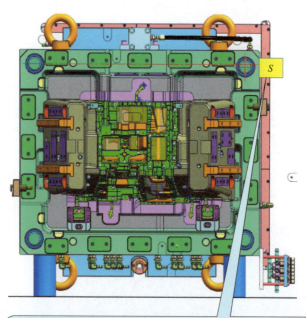

当模具<450mm×450mm时，基准角为5×45°，基准角侧导柱偏心S=5mm；当模具≥450mm×450mm时，基准角为10×45°，基准角侧导柱偏心S=10mm。
注：导柱偏心不包含方导柱。

图 1.25　基准角大小

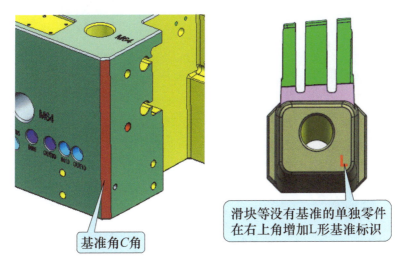

图 1.26 基准角形状及标记

1.2　AB 板模框设计标准

1.2.1　整体式模框要求

整体式模框即成型零件和模板做成一体，其优点是模具刚性好，外形尺寸较小，一般用于大型模具、分型面复杂的模具。

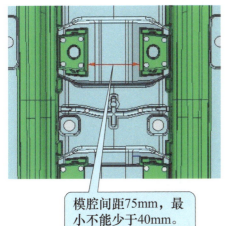

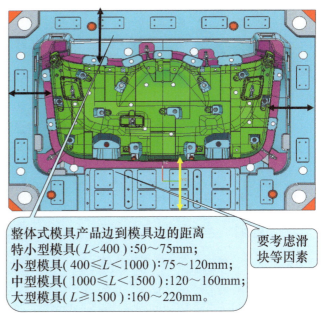

模腔间距75mm，最小不能少于40mm。

整体式模具产品边到模具边的距离
特小型模具（$L<400$）：50～75mm；
小型模具（$400≤L<1000$）：75～120mm；
中型模具（$1000≤L<1500$）：120～160mm；
大型模具（$L≥1500$）：160～220mm。

要考虑滑块等因素

图 1.27　型腔间距设计　　　　图 1.28　门板注塑模长宽尺寸设计（单位：mm）

整体式模具产品到模具底部的最小厚度
特小型模具（$L<400$）：40～70mm；
小型模具（$400 \leq L<1000$）：70～110mm；
中型模具（$1000 \leq L<1500$）：110～160mm；
大型模具（$L \geq 1500$）：160～220mm。

要考虑斜顶等因素

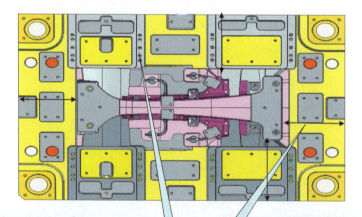

图1.29　保险杠模具动模板厚度设计（单位：mm）

1.2.2　镶拼式模框要求

镶拼式模框的成型零件和模板采用分体式，优点是加工方便、维修方便。

镶拼式模具产品至镶块底部的最小厚度
小型模具（$400 \leq L<1000$）：40～70mm；
中型模具（$1000 \leq L<1500$）：50～90mm；
大型模具（$L \geq 1500$）：60～110mm。

要考虑滑块等因素

镶拼式模具产品边到模具边的距离
小型模具（$400 \leq L<1000$）：100～120mm；
中型模具（$1000 \leq L<1500$）：120～180mm；
大型模具（$L \geq 1500$）：180～250mm。

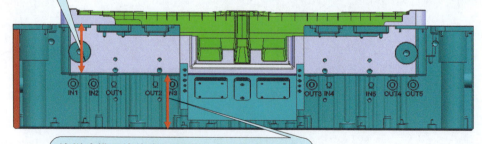

镶拼式模具镶块底部到模具底部的最小厚度
小型模具（$400 \leq L<1000$）：50～70mm；
中型模具（$1000 \leq L<1500$）：70～90mm；
大型模具（$L \geq 1500$）：90～150mm。

图1.30　镶拼式模具尺寸设计（单位：mm）

1.2.3 汽车仪表板注塑模具模框要求

汽车仪表模具是大型、复杂、长寿命注塑模具的典型实例。

图 1.31

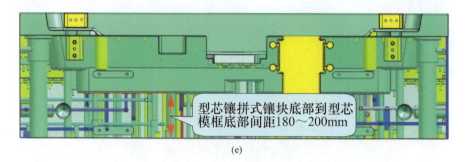

型芯镶拼式镶块底部到型芯模框底部间距180～200mm

(e)

图1.31 仪表板模具尺寸设计

1.3 结构设计一般要求

1.3.1 型腔结构相同或对称的模具设计

相似的模具设计(如左右车灯等零件),其机械结构要尽可能做成一致,并且利用相同的参数,避免重复工作。

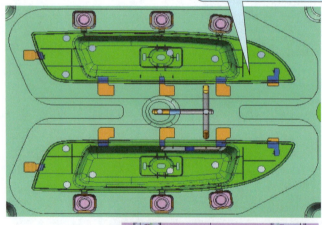

与产品相关的镶件、斜顶块、直顶块,模具上有相同的两件或两件以上,也要编各自不同的物料编码(与模框配合后,间隙会各不相同)。

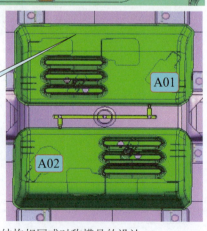

图1.32 型腔结构相同或对称模具的设计

1.3.2 加强筋标准

加强筋的作用是提高塑件刚性，有时还用于装配和改善熔体流动。成型加强的模具型腔容易困气，加工也较困难。

图1.33 加强筋成型零件设计

1.3.3 加强筋镶块结构

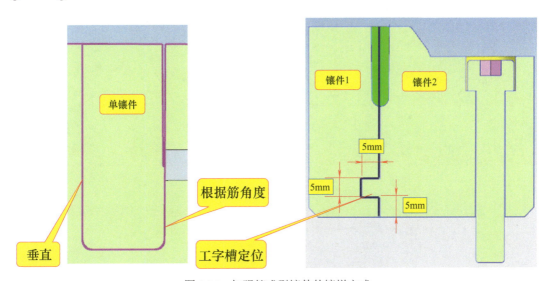

图1.34 加强筋成型镶件的镶拼方式

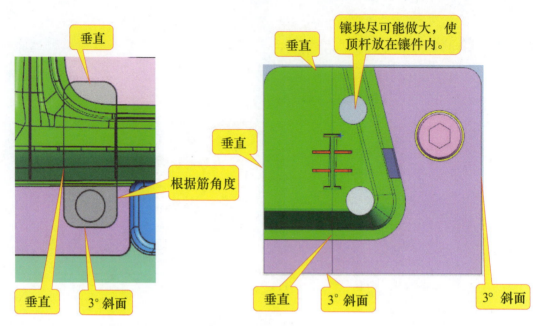

图 1.35　加强筋镶件的形状

1.3.4 超高式镶块结构

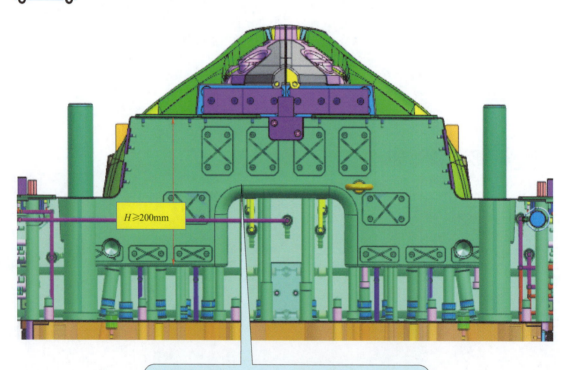

图 1.36　超高镶块设计

第 2 章

斜顶侧向抽芯机构设计

　　侧向抽芯机构一般都是汽车注塑模具中最复杂的核心机构，数量多、尺寸大、结构复杂，其主要形式有"滑块+斜导柱"、"滑块+液压缸"、斜顶（斜顶块或者斜推块）以及"斜滑块+弹簧"。其中，斜顶侧向抽芯机构相比普通注塑模具有很多优势之处，主要表现在结构更复杂，冷却更充分，导向定位更精密以及滑座更稳定可靠等诸多方面。

2.1　斜顶及斜顶块标准

2.1.1　斜顶角度标准

　　由于汽车模具一般都较大，因此装拆一套模具时间很长，在设计斜顶时，斜顶杆底部锁螺钉可从底板装拆，设计时优先做到不拆模具就能装拆斜顶。斜顶杆底座为整体式，开模时不受剪切力，斜顶杆需设计止转定位结构，斜顶座需设计 4 个螺钉与 4 个销钉，斜顶座尽量设计成防呆形式的，即斜顶座两边的螺钉与销钉设计成不对称的形式，防止技工在装拆过程中出错。斜顶杆导向段的长度至少是斜顶杆长度的 $2/3$，斜顶顶出角度尽量设计在 12°以内，超过 12°需要设计辅助杆等结构。对于中大型汽车模具，斜顶杆尽量设计得壮一些，一般设计成 25mm 以上；中小型模具的斜顶杆设计为 16～25mm，避免斜顶杆因强度不足而出现弯曲、断裂的现象发生。

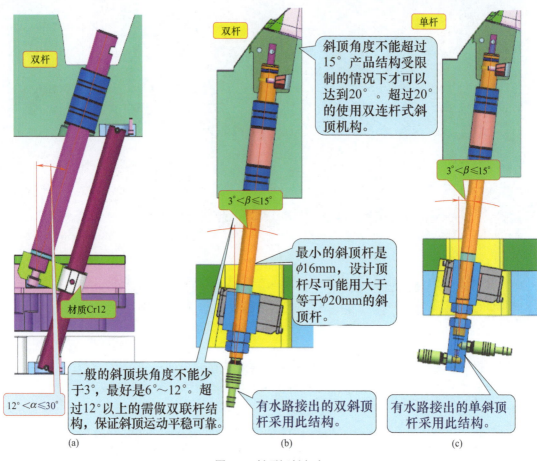

图 2.1 斜顶倾斜角度

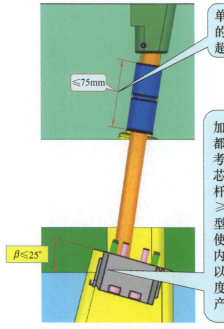

图 2.2 提前和延时顶出的斜顶设计

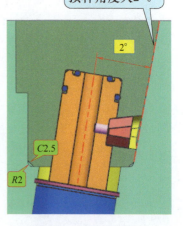

图 2.3 斜顶背面设计

2.1.2 斜顶块基准面标准

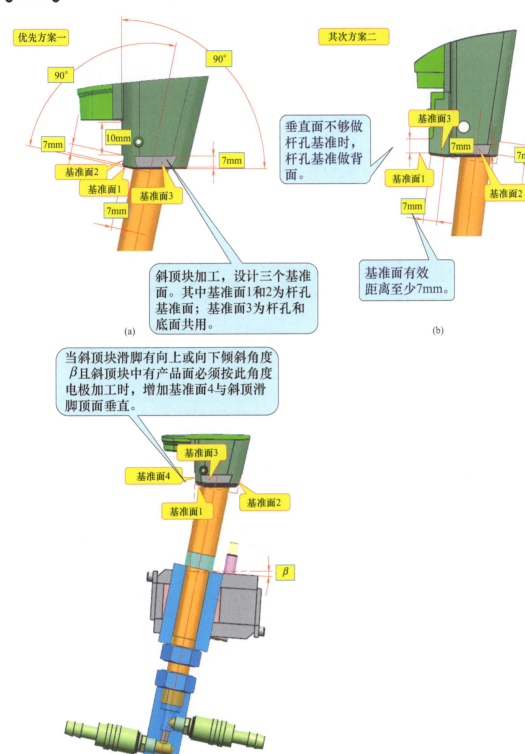

图 2.4　斜顶的基准

2.1.3 斜顶杆安装方式

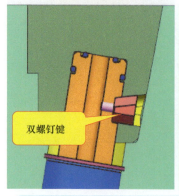
优先方案一
双螺钉键

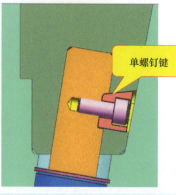
其次方案二
单螺钉键

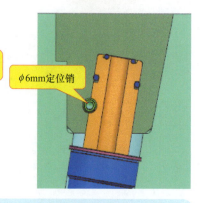
最后方案三
φ6mm定位销

斜顶块与斜顶杆优先使用双螺钉键固定，空间较小且无水路时使用单螺钉键，键尽可能放天侧，无空间放键时采用φ6mm的定位销固定。定位销尽量避免朝地侧，防止定位销掉落，有些采用开口销（膨胀式定位销，常称为开口销），天侧地侧左侧右侧都可以用，因为开口销装入斜顶是膨胀的，不易掉落。

图2.5 斜顶的装配

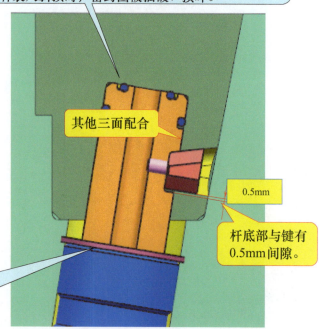

密封圈采用盘起标准。密封形式为一个端面一个侧边密封，且槽都做在杆上。对于斜顶杆侧面有密封圈的，斜顶孔开口处需设计5mm一段距离的单边5°的嗽叭口，防止密封圈与斜顶杆装入斜顶时，密封圈被插破、损坏。

其他三面配合

0.5mm

杆底部与键有0.5mm间隙。

导套采用高力黄铜镶嵌石墨（自润滑标准件）。

图2.6 斜顶内冷却水的密封

2.1.4 斜顶块 R 角要求

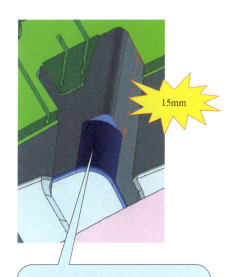

离产品15mm之内尽可能做 R3.5mm 或更大；15mm以下尽可能做到 R14.5mm，便于加工研配。

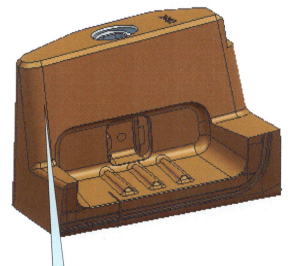

顶块侧面直壁圆角尽可能做成 R15mm，长度小于70mm的小斜顶块槽底部倒 R2mm，大斜顶块槽底部尽可能做 R3mm。

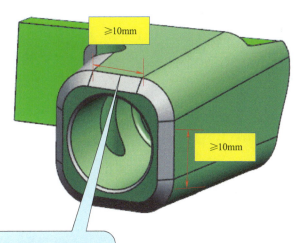

小镶件、小斜顶及小直顶倒 R 角后与槽的配合平面至少要有10mm。

图 2.7　斜顶倒 R 角要求

2.2 斜顶块形式分类

2.2.1 斜顶块安装形式

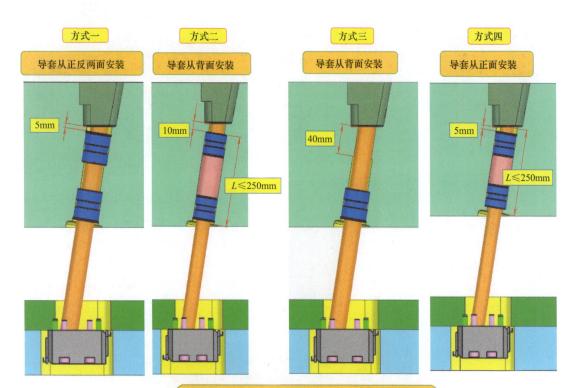

图 2.8 斜顶块安装形式

2.2.2 镶拼式斜顶形式

尺寸较大、形状较复杂的斜顶常采用镶拼式，以方便加工、装配和维修保养。汽车注塑模具斜顶的镶拼方式通常有以下四种。

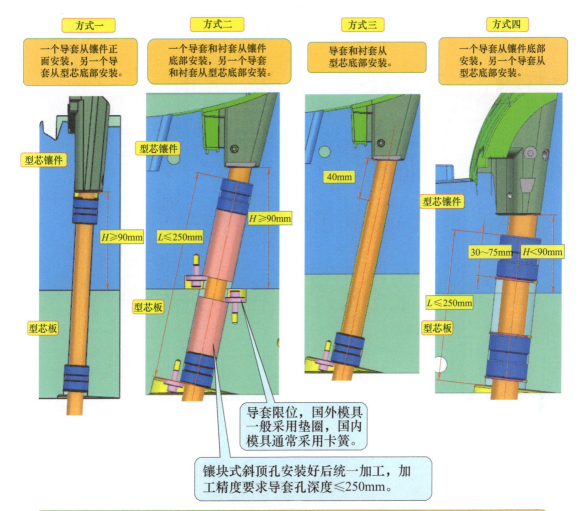

图 2.9 镶拼式斜顶形式

2.3 斜顶滑座

2.3.1 斜顶滑座形式

滑座是斜顶的导向零件,直接影响斜顶抽芯的使用安全和使用寿命。不同的公司通常有不同的标准。

图 2.10　MISUMI 滑座

2.3.2　MISUMI 滑座安装方式

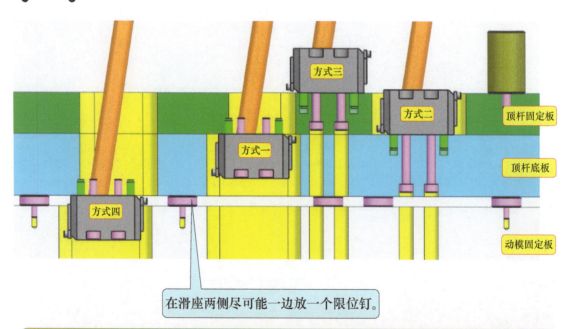

滑座一般采用MISUMI标准，大中型模具需兼顾顶针挡板的强度，避免透空过多，滑座安装方式优先选用方式一，滑座安装于顶杆面板的底面上，从动模固定板底部安装；方式二安装在顶杆底板顶面上，螺钉从底部安装；方式三安装在顶杆面板顶面上，需注意限位块高度必须高于滑座；方式四装于顶杆底板底面上，从底部安装，动模固定板上需避空。当斜顶较多、滑座位置上重叠时,可采用四种方式结合。

图 2.11　MISUMI 滑座四种安装方式

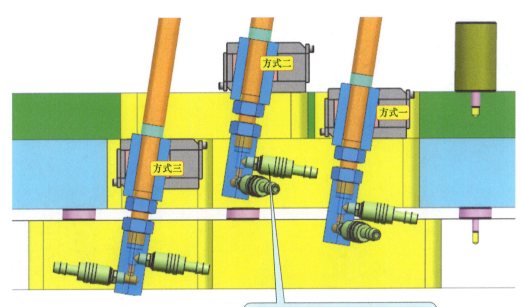

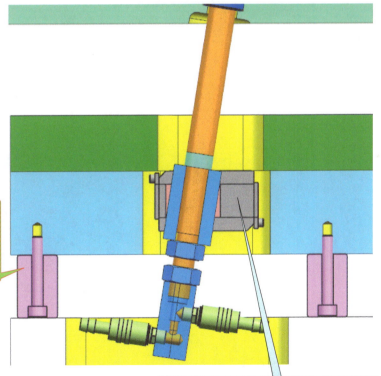

图 2.12　斜顶安装注意事项

2.4 斜顶水路设计

2.4.1 单杆斜顶不循环水路设计

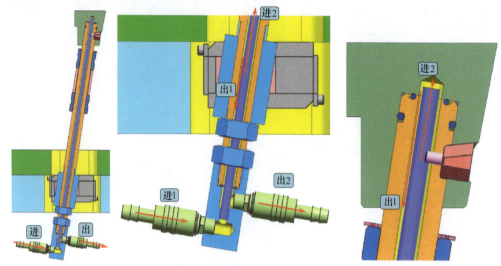

图 2.13 单杆斜顶不循环水路设计

2.4.2 单杆斜顶块循环水路设计要求

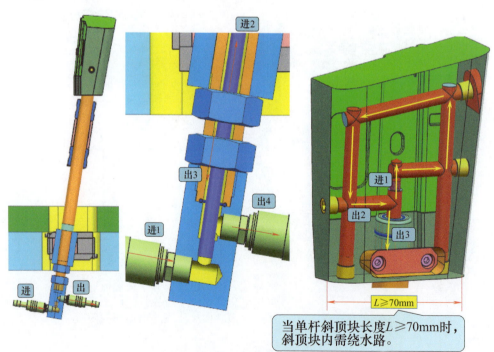

当单杆斜顶块长度$L \geq 70mm$时，斜顶块内需绕水路。

图 2.14 单杆斜顶循环水路设计

2.4.3 双杆斜顶块循环水路设计要求

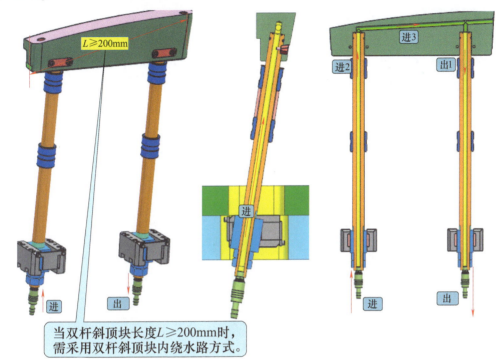

当双杆斜顶块长度 $L \geq 200\text{mm}$ 时，需采用双杆斜顶块内绕水路方式。

图 2.15　双杆斜顶块循环水路设计

2.5　斜顶块设计步骤

2.5.1　确定抽芯方向、距离、角度等

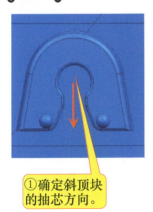
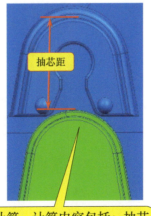

①确定斜顶块的抽芯方向。

②抽芯的计算，计算内容包括：抽芯距、角度、顶出距离和零件的选用等。

③顶块的分型：整体式、分体式。

图 2.16　斜顶设计步骤（一）

2.5.2 斜顶杆、导套、滑脚及冷却设计

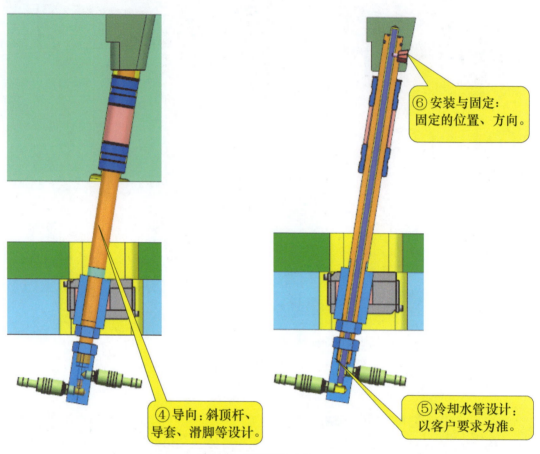

图 2.17　斜顶设计步骤（二）

2.5.3 第一次斜顶块运动分析检查

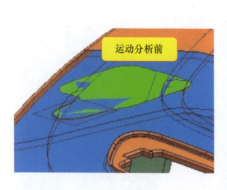 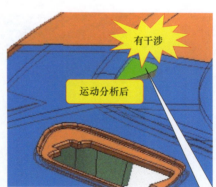

图 2.18　斜顶设计步骤（三）

2.5.4 基准、工艺外框及采购

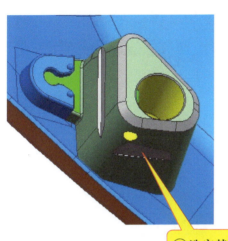

⑨ 设计工艺外框。

⑧ 选定基准。

图 2.19 斜顶设计步骤（四）

2.6 斜顶机构设计规范

2.6.1 普通斜顶结构

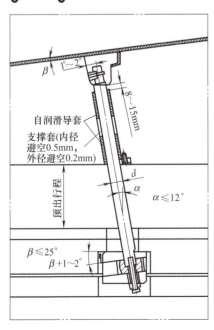
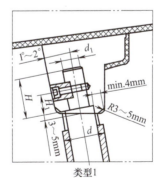
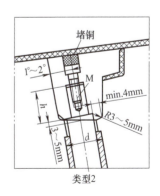

类型1　　　类型2

图 2.20 普通斜顶结构

2.6.2 平行导向杆斜顶结构

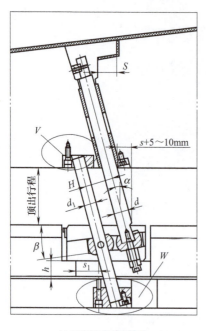

(a) 万向滑座斜顶结构

$12°\leqslant \alpha \leqslant 18°$
$\beta \leqslant 25°$
$h \geqslant 20mm$

s_1 为导杆避空位，尺寸必须大于顶出行程。

斜顶杆尺寸可参照推块杆尺寸选择。

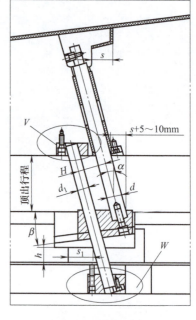

(b) 普通滑座斜顶结构

注：斜顶头部与杆连接可以参照推块的连接方式。

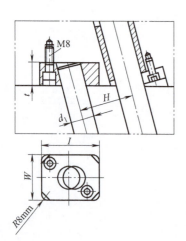

(c) V 处定位结构

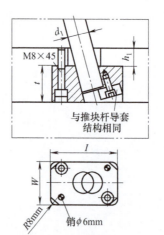

(d) W 处定位结构类型（一）

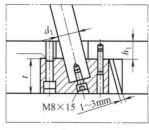
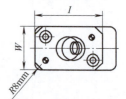

(e) W 处定位结构类型（二）

图 2.21 平行双杆斜顶

2.6.3 增大延迟角度斜顶结构

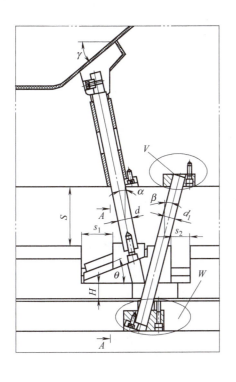
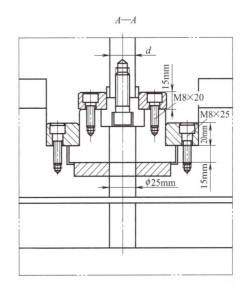

$\alpha \leqslant 12°$　　$\beta \leqslant 15°$

$\theta \leqslant 25°$

$h \geqslant 25mm$

s_1、s_2 为斜顶座避空位，尺寸必须大于顶出行程。

d 根据斜顶头重量选择。

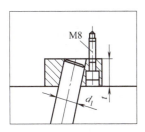

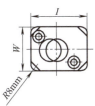

V处定位结构

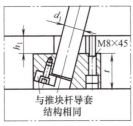

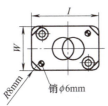

W处定位结构类型

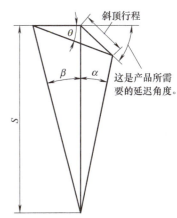

α 为斜顶杆角度

β 为辅助杆角度

θ 为斜顶座角度

S 为顶出行程

所需要的延迟角度可以根据以上参数进行调整。

图 2.22　交叉双杆斜顶

2.7 复杂斜顶设计

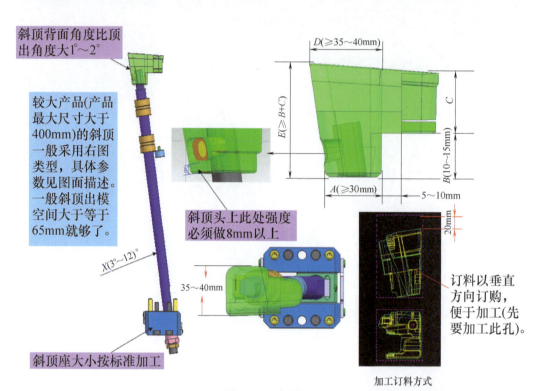

图 2.23 复杂斜顶

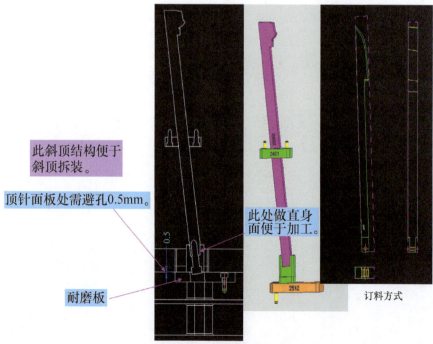

图 2.24 斜顶滑座

斜顶角度一般在3°~12°之间，超过12°或者斜顶出模方向和分型面存在夹角的，需要增加顶针板斜导柱导向。

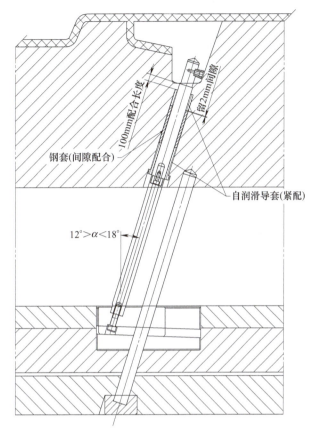

图2.25　大角度斜顶

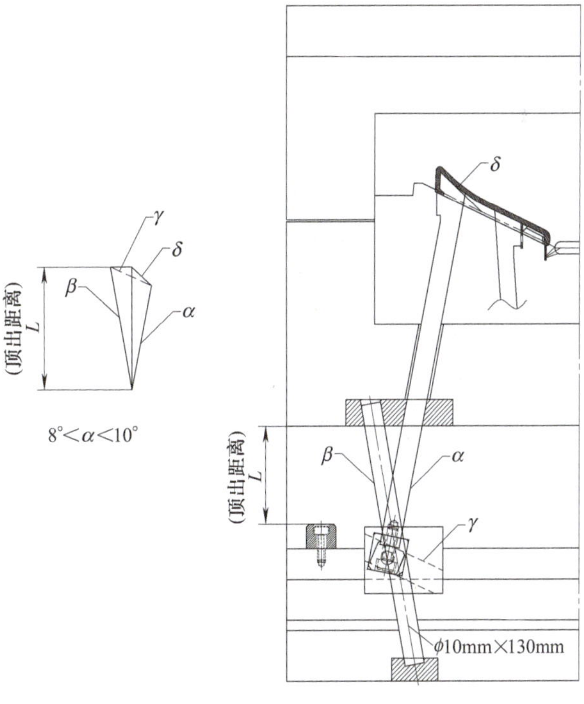

①当斜顶需要做延迟顶出时，如果产品角度δ太大，可以做一辅助导向杆来减小γ的角度。斜顶的角度α尽量在13°以下取值，可以调节辅助杆的角长β来满足角度γ。
②辅助杆可以根据实际情况（空间的大小）设置在斜顶的正面、北面或两侧面。

图2.26　延迟顶出斜顶结构

2.8 斜顶的安装方式

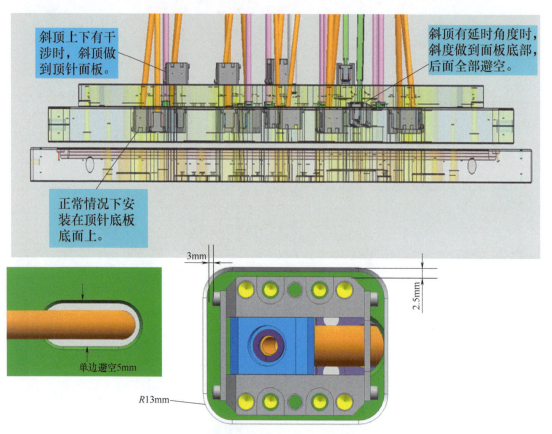

图 2.27 斜顶的安装方式

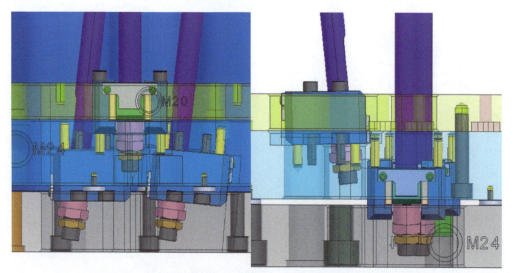

图 2.28 几个斜顶同时在一块空间比较紧的情况下的安装方法

第3章

滑块侧向抽芯机构设计

滑块侧向抽芯机构在汽车注塑模具中相当常见，结构形式多样。设计汽车注塑模具侧向抽芯机构必须保证合模后锁紧可靠，开模时导向安全平稳，滑块在运动的始端和末端都要有准确的定位机构，滑块胶位面长宽尺寸大于 50mm×50mm 的一定要设计冷却管道。对于大型滑块，设计时要考虑加工时的要求，必要时要设计工艺螺孔等辅助结构。为保证模具寿命，所有相互运动的摩擦面都必须设计耐磨块。

3.1 滑块一般设计规范

3.1.1 滑块斜导柱抽芯角度标准

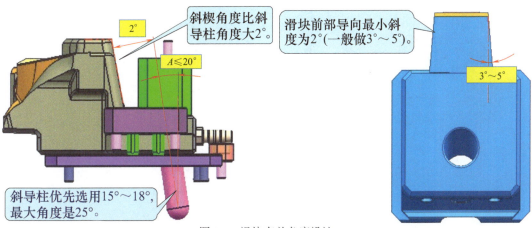

图 3.1 滑块有关角度设计

37

3.1.2 有哈夫线要求的滑块设计要点

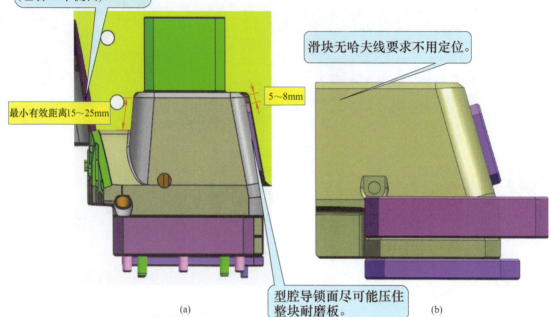

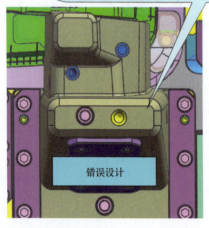

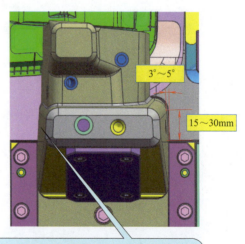

图 3.2 有、无哈夫线的滑块设计

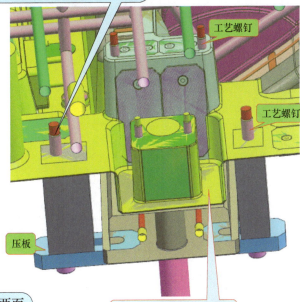

图 3.3　有哈夫线滑块工艺结构设计

3.1.3　镶块式滑块定位设计

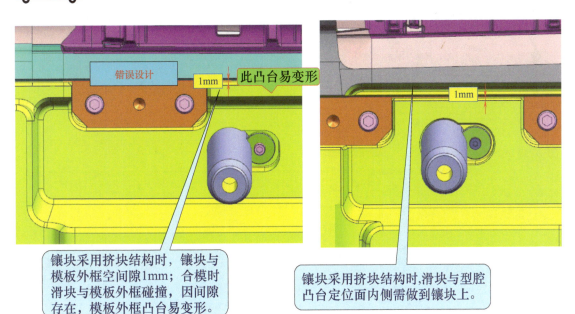

图 3.4　镶块式滑块设计

3.1.4 滑块侧边及底部耐磨板设计要求

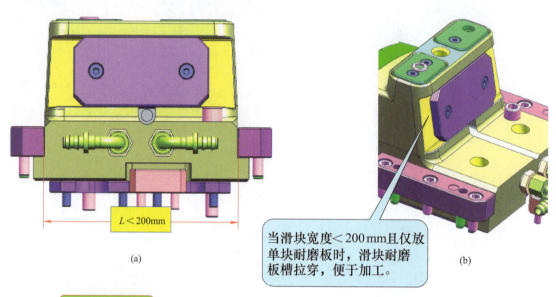

$L < 200\text{mm}$

(a)

当滑块宽度＜200mm且仅放单块耐磨板时，滑块耐磨板槽拉穿，便于加工。

(b)

滑块背面耐磨板材质Cr12。

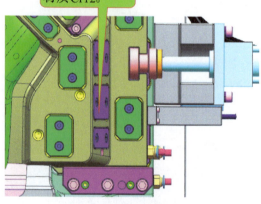

(c)

滑块底部耐磨板要求沉入模具9mm（高出1mm）。

1mm

字码槽ϕ12mm，深0.5mm。

耐磨板槽的中间设计ϕ12mm、深0.5mm的字码槽。

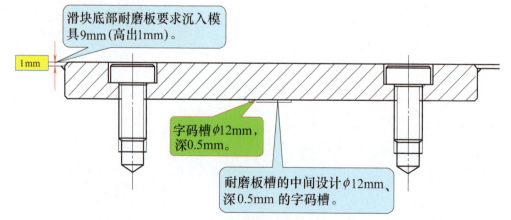

(d)

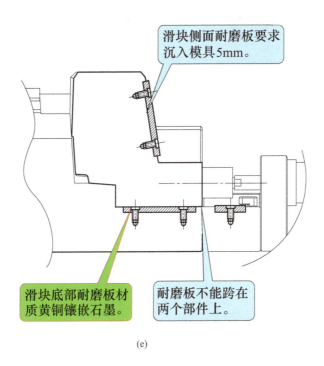

图 3.5 耐磨块设计

3.1.5 滑块限位块及弹簧衬套设计

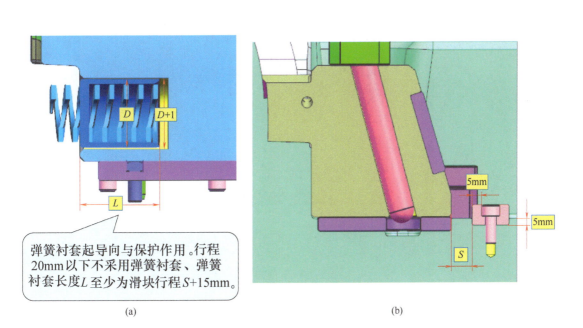

图 3.6 滑块定位机构设计

3.2 滑块与压条

在汽车注塑模具设计中，由于汽车制品一般都较大，因此滑块也比较大，针对不同大小的滑块需要设计相应大小的压条。压条是保证滑块平稳运行的轨道控制机构，因此压条的设计合理与否至关重要。在实际设计时要因模制宜，合理选择压条的规格。下面总结滑块大小与压条规格相对应的参数，供设计者在实际模具设计中参考。

3.2.1 滑块大小与压条规格

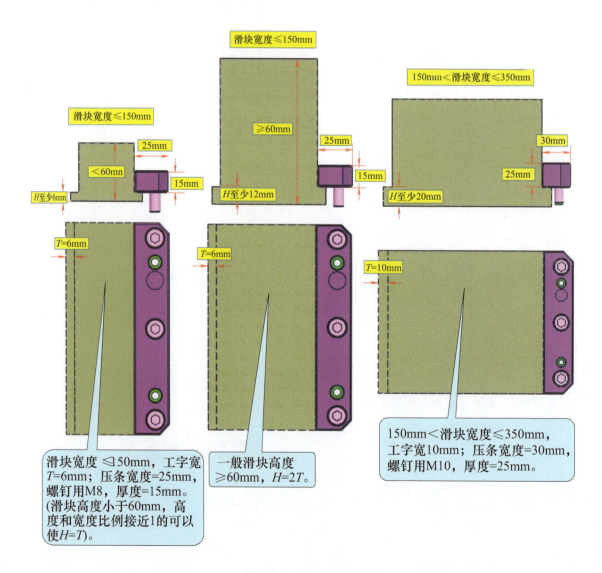

图3.7　压条设计（一）

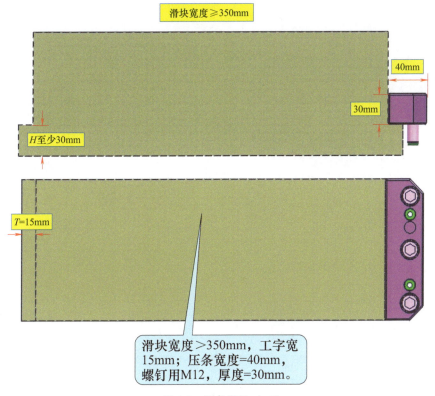

图 3.8 压条设计（二）

3.2.2 滑块导向及配合间隙

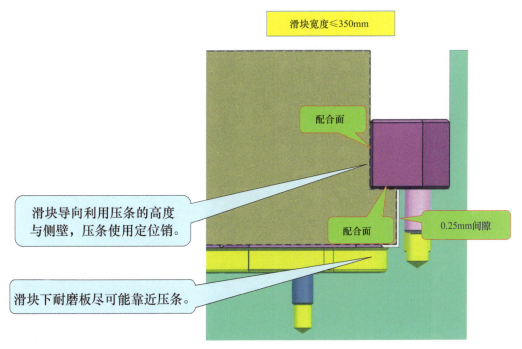

图 3.9 滑块的导向（一）

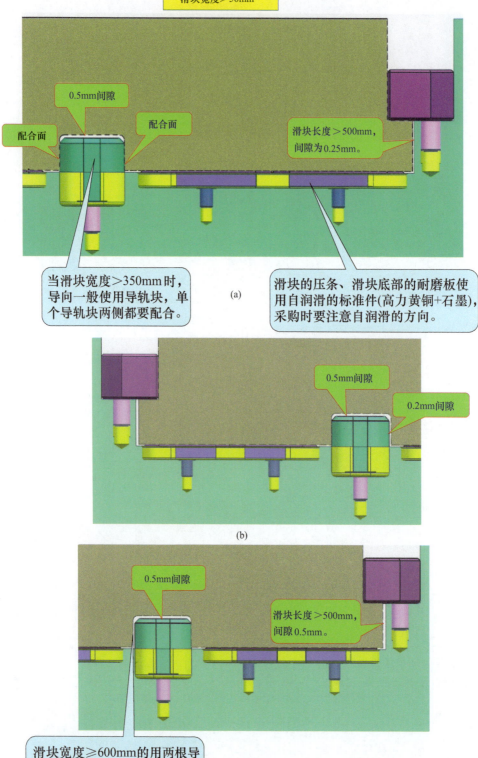

图 3.10　滑块的导向（二）

3.2.3 压条厚度设计

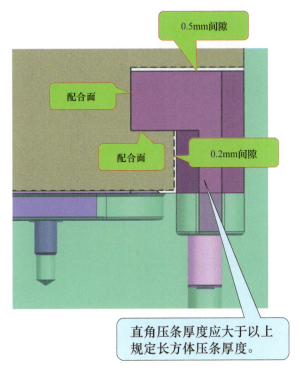

图 3.11　压条厚度设计

3.2.4 压条长度设计

图 3.12　压条长度设计

3.3 斜导柱与油缸抽芯

3.3.1 斜导柱抽芯特征

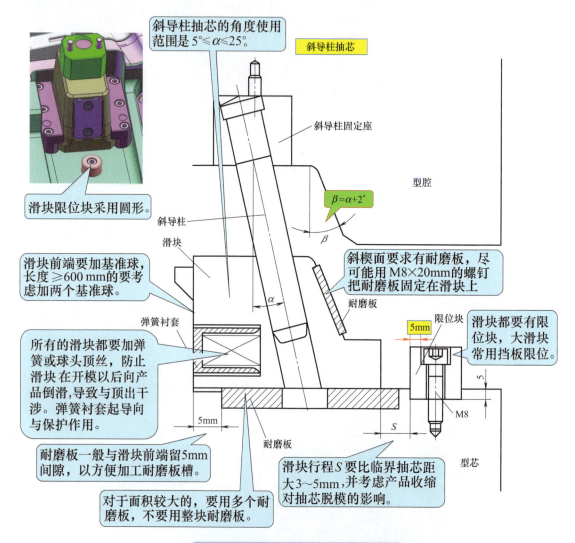

图 3.13 "斜导柱+滑块"抽芯机构设计

3.3.2 油缸抽芯特征

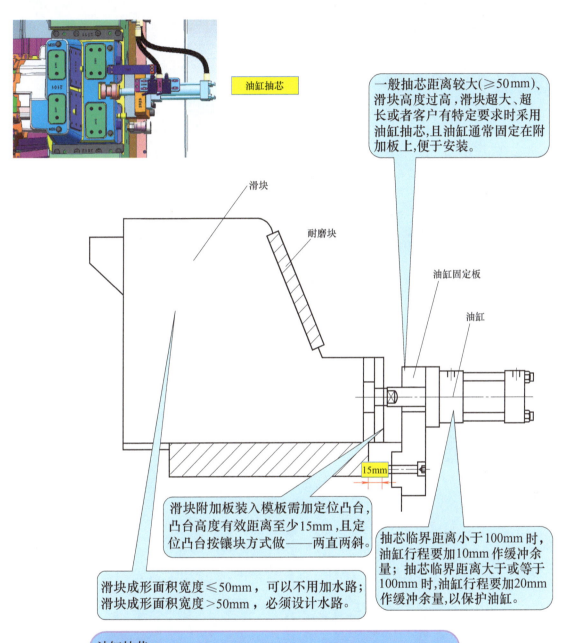

油缸抽芯

一般抽芯距离较大(≥50mm)、滑块高度过高，滑块超大、超长或者客户有特定要求时采用油缸抽芯，且油缸通常固定在附加板上，便于安装。

滑块

耐磨块

油缸固定板

油缸

15mm

滑块附加板装入模板需加定位凸台，凸台高度有效距离至少15mm，且定位凸台按镶块方式做——两直两斜。

滑块成形面积宽度≤50mm，可以不用加水路；滑块成形面积宽度＞50mm，必须设计水路。

抽芯临界距离小于100mm时，油缸行程要加10mm作缓冲余量；抽芯临界距离大于或等于100mm时，油缸行程要加20mm作缓冲余量，以保护油缸。

油缸抽芯：
① 可以取消滑块前端的弹簧。
② 一定要加行程开关和锁紧块。
③ 油缸的规格要根据滑块的大小(重量)和抽芯距离的多少而定。
④ 采购油缸时，一定要有实际行程+(10～20)mm的安全余量。

图3.14 "油缸＋滑块"抽芯机构设计

3.4 典型抽芯机构

3.4.1 滑块保护杆设计

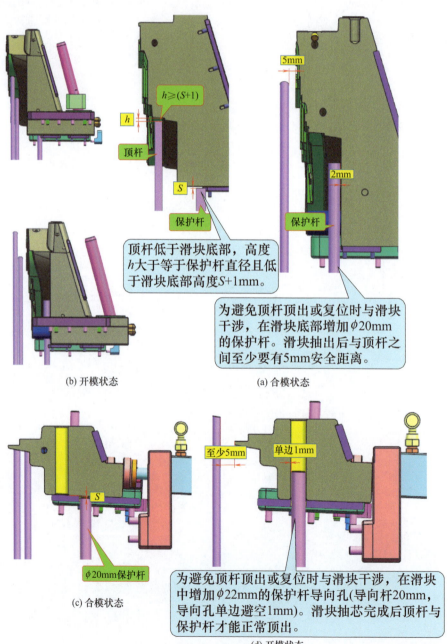

图 3.15 滑块保护杆设计

3.4.2 滑块弹针顶出结构

弹针就是"弹簧+侧向抽芯",一般用于抽芯力不大、抽芯距离较小的场合。

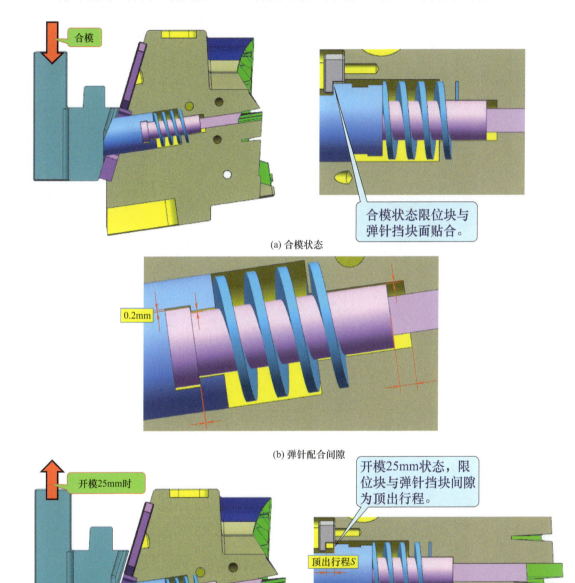

图 3.16 "弹簧+滑块"抽芯机构合模开模状态

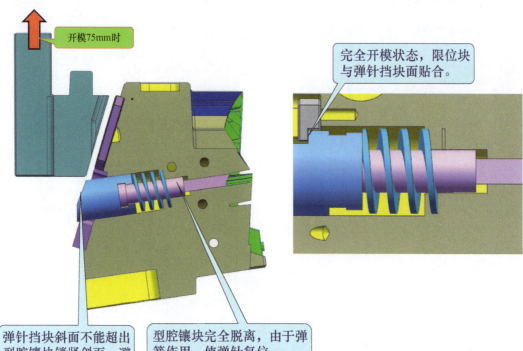

图 3.17 "弹簧+滑块"抽芯机构完全开模状态

3.4.3 滑块镶针结构设计

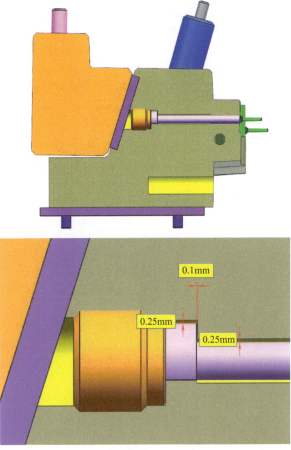

图 3.18 滑块镶针结构设计

3.4.4 副仪表（中央通道）拉钩机构设计

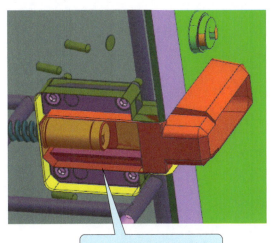

拉钩不要固定在滑块上。

图 3.19 拉钩设计（一）

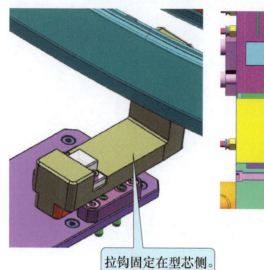

拉钩固定在型芯侧。

拉钩底部不用弹簧复位，靠斜导柱机械复位。

错误设计

图 3.20 拉钩设计（二）

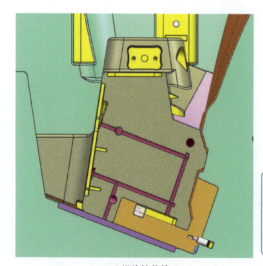

(a) 滑块抽芯前

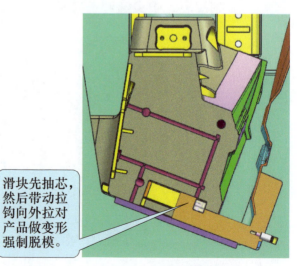

滑块先抽芯，然后带动拉钩向外拉对产品做变形强制脱模。

(b) 滑块抽芯后

图 3.21 拉钩设计（三）

3.5 滑块设计标准及注意事项

3.5.1 滑块的定位及锁紧方式

由于制品在成型机注射时产生很大的压力,为防止滑块在受到压力而产生位移,从而影响成品的尺寸及外观不良(如跑飞边),滑块一般都需采用锁紧定位机构。

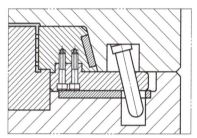
(a) 滑块采用整体式锁紧方式,结构刚性好、强度好,对大、小模具都适用

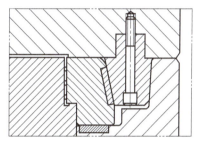
(b) 滑块采用镶嵌式和带反铲的锁紧方式,结构刚性较好,适用于空间大、锁紧力大的场合

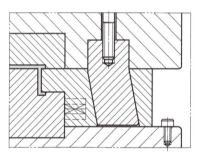
(c) 滑块采用拨块式锁紧方式,适用于空间比较小的滑块(不常用)

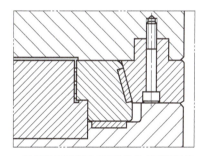
(d) 滑块采用镶嵌式锁紧方式,结构刚性较好,适用于空间小、锁紧力大的场合

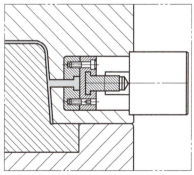
(e) 滑块采用油缸锁紧方式,适用于侧孔抽芯的小滑块(要注意油缸的锁紧力是否满足)

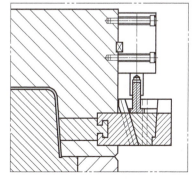
(f) 滑块采用油缸和反铲的锁紧方式,适用于外侧壁大面积抽芯的滑块(要注意油缸的锁紧力是否满足要求)

图 3.22 滑块的定位及锁紧方式

3.5.2 滑块与侧向抽芯的连接方式

滑块头部镶件的连接方式由成品决定，不同的成品其滑块镶件的连接方式可能不同，具体镶件的连接方式如图 3.23 所示。

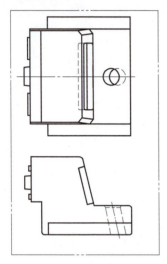
(a) 滑块采用整体式结构，一般适用于型芯较大、强度较高或者滑块没有特殊结构的场合

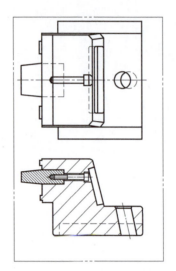
(b) 采用螺钉的固定形式，一般适用于有深型腔、筋骨比较深的场合，并有排气、省料的作用

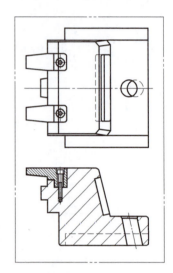
(c) 采用螺钉的固定形式，一般适用于易损坏的场合，并有省料的作用

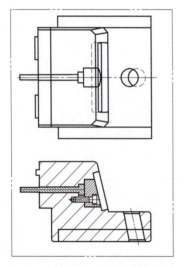
(d) 采用后压板固定，适用于镶针的固定

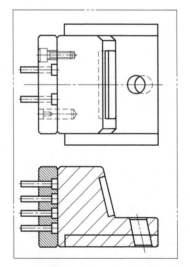
(e) 采用前压板固定，适用于固定多型芯

图 3.23 滑块与抽芯的连接方式

3.5.3 滑块的限位方式

滑块在开模过程中要运动一定距离，因此，要使滑块功能够安全开模并复位，必须给滑块安装限位装置，且限位装置必须灵活可靠，保证模具在合模后滑块在原位不动。但为

常见的限位装置如图 3.24 和图 3.25 所示。

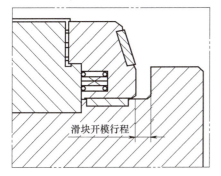

(a) 利用模板限位,通常用于大型滑块或空间比较大的滑块,滑块竖直向下开模运动时不需要弹簧

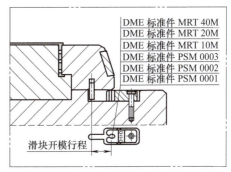

(b) 利用DME标准件限位,适用于所有场合,不加弹簧

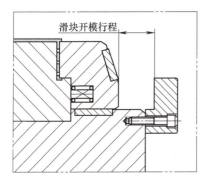

(c) 利用弹簧挡板限位,弹簧的强度为滑块重量的1.5~2倍,适用于空间比较小的模架

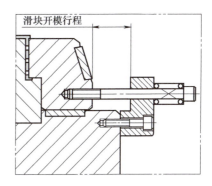

(d) 利用弹簧螺钉和挡板限位,弹簧的强度为滑块重量的1.5~2倍,适用于空间比较小的模架

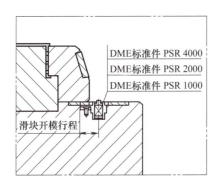

(e) 利用DME-PSR标准件限位,一般用于小滑块(不加弹簧)

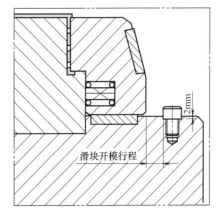

(f) 利用弹簧螺钉和挡板限位,弹簧强度为滑块重量的1.5~2倍,常用于空间比较小的模架

图 3.24　滑块的限位方式(一)

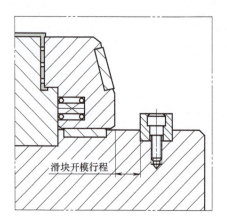
(a) 利用弹簧镶件板限位,弹簧强度为滑块重量的1.5~2倍,常用于空间比较小的大滑块

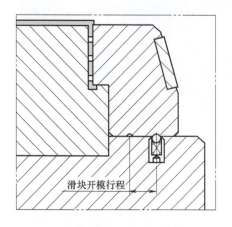
(b) 利用弹簧钢球限位,一般用于侧向抽芯的小滑块(最好不用此种限位方式,不安全)

图 3.25　滑块的限位方式（二）

3.5.4　滑块的导向方式

滑块在导滑过程中,活动必须顺利、平稳,才能保证滑块在模具生产中不发生卡滞或跳动现象,否则会影响成品质量、模具寿命等。常用的滑块导向方式如图3.26和图3.27所示。

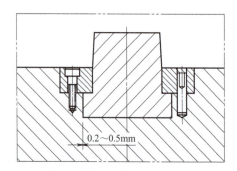
(a) 用矩形的压板形式,加工简单,强度较好,应用广泛,一般要加销孔定位

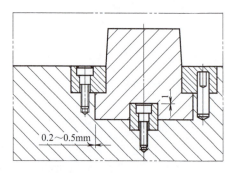
(b) 采用矩形压板,中央导轨形式,一般用在滑块较长(长度超过200mm)和模温较高的场合下

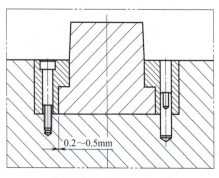
(c) 采用"7"字形压板,加工简单,强度较好,一般要加销孔定位

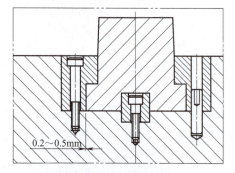
(d) 采用"7"字形压板,中央导轨形式,一般用在滑块较长(长度超过200mm)和模温较高的场合下

图 3.26　滑块的导向方式（一）

第3章 滑块侧向抽芯机构设计

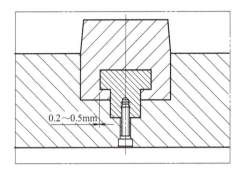
(a) 采用T形槽,且装在滑块内部,一般用于空间较小的场合。其卸装不方便,可以的话,尽量在正面锁螺钉

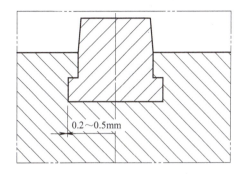
(b) 采用整体式加工困难,一般用在模具较小的场合

图 3.27 滑块的导向方式（二）

3.5.5 滑块托板的连接方式

滑块托板的连接是根据滑块的尺寸、形状和客户的要求决定的,一般情况下,小型滑块是整体式的滑块托板的连接形式大致如图 3.28 和图 3.29 所示。

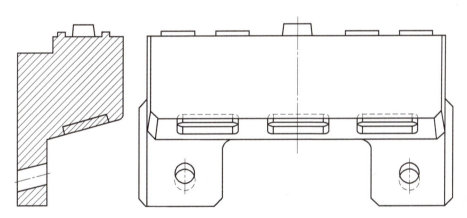
(a) 采用整体式的连接方式,滑块强度高,但浪费材料,加工时间长。除客户指定外一般不采用

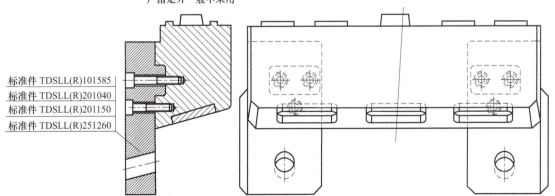
(b) 采用镶拼式的连接方式,强度高、节省材料、节省加工时间

图 3.28 滑块托板的连接方式（一）

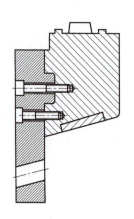
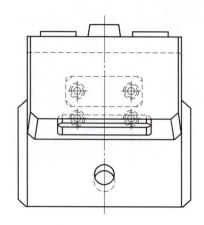

采用镶拼式的连接方式，强度高、节省材料、节省加工时间。

图 3.29 滑块托板的连接方式（二）

3.5.6 滑块定模的定位形式

有些产品在 R 处分型，这就要求我们设计成滑块或动模镶件，而客户对产品结合线的要求很高，所以在进行模具设计时必须要设计定位。在加工完成后，必须将滑块装在定模上一起抛光。滑块上工艺螺孔设计如图 3.30 所示。

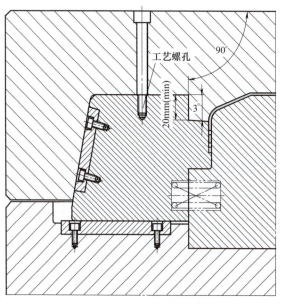

图 3.30 滑块上工艺螺孔设计

3.5.7 滑块驱动形式

按抽芯力的来源，滑块常见的驱动形式一般分为斜导柱驱动、油缸驱动、弹簧驱动、齿轮齿条驱动四种。由于斜导柱驱动使用较多，所以这里主要介绍斜导柱驱动（此处所说的斜导柱是指圆形斜导柱）。

斜导柱的动作原理是利用成型的开模动作，使斜导柱与滑块产生相对运动趋势，使滑块沿开模方向及水平方向的两种运动方式，使之脱离倒扣。

（1）斜导柱驱动的动作原理及设计要点（见图3.31）

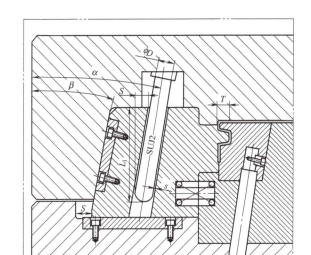

图3.31 "斜导柱+弹簧"的驱动方式

$$\beta=\alpha+2°（防止合模产生干涉以及利于开模减少摩擦）$$

式中，α 为斜导柱倾斜角度，$\alpha \leqslant 25°$。

$$S=T+(2\sim 5mm)+K$$

式中，S 为滑块需要水平运动的距离；K 为产品的收缩；T 为产品倒扣距离。如果滑块在开模时的运动方向与产品收缩一致的话，必须把 K 考虑进去。

$$S=(L_1\sin\alpha-s)/\cos\alpha$$

式中，s 为斜导柱与滑块间的间隙，一般为 0.5～1.0mm；L_1 为斜撑梢在滑块间的垂直距离；D 为斜导柱直径，其尺寸最小为 ϕ10mm。

（2）斜导柱的锁紧方式

斜导柱锁紧方式是跟模具滑块的结构相关的，不同的滑块结构设计就有不同的斜导柱锁紧结构，图3.32和图3.33是几种常见的斜导柱锁紧结构。

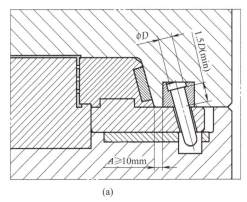
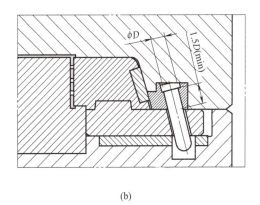

(a)   (b)

适宜用在模板较厚且配合面较长的汽车、电视或空调模具上，加工性好、稳定性好、易装拆。若图（a）的 A 位置不够时按图（b）设计、加工。

图3.32 斜导柱锁紧机构（一）

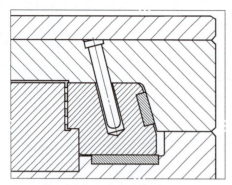
(a) 适宜用在模板较薄且上固定板与定模板可分开的情况下，配合面较长，稳定性较好。但不易装拆、加工性不好

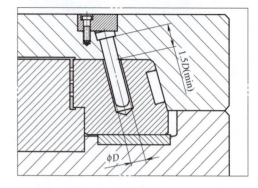
(b) 适宜用在模板较薄且上固定板与定模板可分开的情况下，配合面较长，稳定性较好。但不易装拆、加工性不好

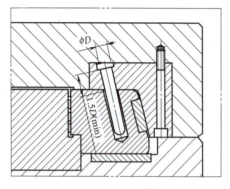
(c) 适宜用在模板厚、模具空间大的情况下，稳定性较好、易装拆、加工性好

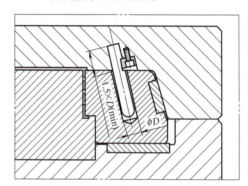
(d) 适宜用在模具空间不大的情况下，稳定性好、易装拆、加工性不好、易折断

图 3.33　斜导柱锁紧机构（二）

（3）斜导柱直径和数量的确定

斜导柱直径尺寸和数量一般是根据滑块的重量和滑块长度方向尺寸来确定的，表 3.1 通过计算给出了滑块、斜导柱直径和数量的关系。

表 3.1　斜导柱直径、数量与滑块宽度的关系

滑块宽度 /mm	20～30	30～50	50～100	100～150	>150
斜导柱直径 /mm	6.50～10.00	10.00～13.00	13.00～20.00	13.00～16.00	16.00～25.00
斜导柱数量 /个	1	1	1	2	2

3.5.8　油缸驱动的动作原理

油缸驱动的动作原理是依靠液压系统为驱动力，抽出活动滑块。它的抽芯机构传动平稳、抽芯距大。用其他方法很难满足抽芯要求时，采用油缸抽芯最为理想。但从成本控制的角度来说，其经济成本高，使它的使用范围受到了限制，一般应用也不多。

（1）根据滑块的重量来选择油压缸的计算方式

如果锁紧装置主要是靠锁紧块来锁紧而不是靠油缸来锁紧的，那油缸缸径的选择就不必太大，只要在开模时能拉动滑块、合模时能推动滑块就可以了。表 3.2 是油缸缸径和滑块重量的关系。

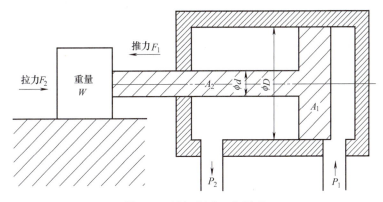

图 3.34 油缸驱动工作原理

$$推力\ F_1 = A_1 P_1 \beta$$
$$拉力\ F_2 = A_2 P_2 \beta$$

式中 A_1——推侧活塞受压面积，cm^2，$A_1 = \pi D^2/4 = 0.785 D^2$；
　　A_2——拉侧活塞受压面积，cm^2，$A_2 = \pi(D^2 - d^2)/4 = 0.785(D^2 - d^2)$；
　　D——液压缸内径，即活塞直径，cm；
　　d——活塞径直径，cm；
　　P_1——推侧液体压强，kgf/cm^2，一般取 $70 kgf/cm^2$；
　　P_2——拉侧液体压强，kgf/cm^2，一般取 $70 kgf/cm^2$；
　　β——负荷率。

注：油缸实际出力低于理论出力，即有压力损失，故负荷率 β 一般取 40%。

表 3.2 油缸缸径和滑块重量的关系

油缸缸径 ϕD/mm	$\phi25$	$\phi32$	$\phi40$	$\phi50$	$\phi63$	$\phi80$	$\phi100$	$\phi125$	$\phi160$	$\phi200$
活塞杆直径 ϕd/mm	$\phi16$	$\phi18$	$\phi22$	$\phi28$	$\phi36$	$\phi45$	$\phi56$	$\phi90$	$\phi110$	$\phi125$
推动滑块最大重量/kg	137	225	352	550	873	1407	2198	3435	5627	8792
拉动滑块最大重量/kg	81	154	245	377	588	962	1455	1655	2969	5361

（2）油缸直抽滑块的设计标准及选用要求

图 3.35 是合模时直接利用油压的作用锁紧滑块进行注塑，待注塑成型后、模具开模前，由油压的作用直接使滑块沿运动方向运动，使之脱离倒扣。

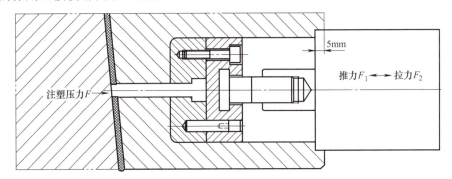

图 3.35 油缸的驱动和锁紧

图 3.35 中锁紧装置是直接靠油缸来锁紧的，所以油缸缸径的选择特别重要，必须通过计算才能正确选择油缸缸径的大小尺寸。

下面是直接抽芯油缸缸径选择的计算方式：

推力 $F_1=A_1P_1\beta=$ 推侧活塞受压面积 × 油压压力 × 压力损失 $=0.785D^2$（cm^2）× 70（kgf/cm^2）×0.8

注塑压力 $F=$ 单位面积塑胶材料的注塑压力 × 滑块的投影面积 × 安全系数（1.5）

其中，必须是推力 F_1 >注塑压力 F，所选择的油缸才能合格。

图3.36中由于抽芯孔到定模面很少，为了保证模具强度增加了钢料，也就是说 A 尺寸必须大于等于10mm才能保证模具强度，而从截面图上可以看出一定要增加压板。

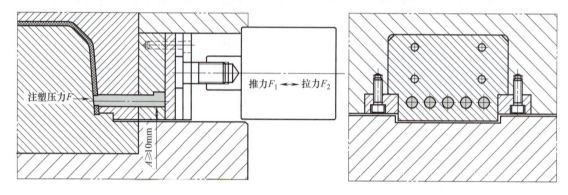

图3.36　油缸驱动滑块的导向

（3）加铲机的油缸抽滑块的设计标准及选用要求

图3.37是合模时利用油压和铲机的作用锁紧滑块进行注塑，注塑成型后、模具开模前，由油压的作用直接使滑块沿运动方向运动，使之脱离倒扣。

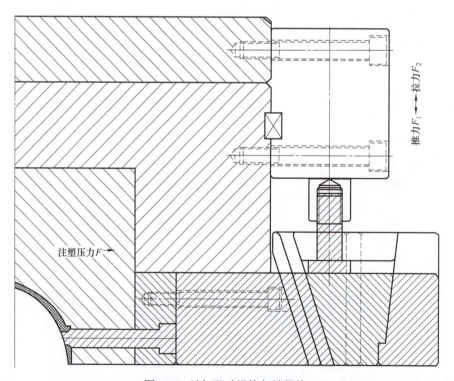

图3.37　油缸驱动滑块与锁紧块

3.5.9 定模弹块的设计要求及注意事项

定模弹块一般成型在定模侧且用于滑块成型面积较大、定模型腔比较深、滑块行程不大的模具中。定模弹块结构如图3.38所示。

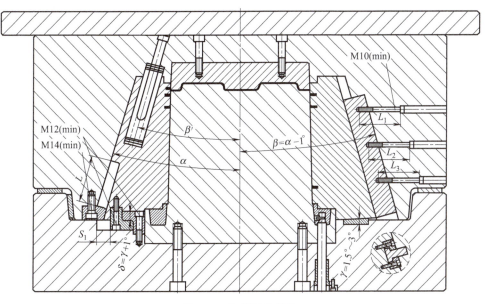

图3.38 定模弹块结构

从图3.38中可知定模弹块的设计要求及注意事项如下。

① 板要做斜面，以减少滑块与动模板间的磨损，一般取 $\gamma=1.5°\sim3°$，装配位置需在滑块重心3/4处。

② 挡块与抓勾间角度 $\delta=\gamma+1°$。

③ $S_1 > S$（S 为滑块水平运动距离）。

④ 滑块背部耐磨板要高出滑块背部 $1\sim2\text{mm}$。

⑤ $\beta=\beta'=\alpha-1°$

式中，β 为 "T" 槽角度；β' 为限位拉杆角度；α 为滑块背斜度。为减少滑块耐磨片与定模A板（简称A板）在开、合模时的接触面积，β 角一般比 α 角小 $1°$。

⑥ T形块长度不要高出A板。

⑦ 滑块头部要设计工艺螺孔，便于滑块装配；滑块底部也要设计工艺螺孔，和定模装配在一起省模，可防止产品起级，保证产品外观夹线优良。

⑧ 锁T形块螺钉平行于定模分型面即可，但螺钉尽量做大，而螺钉长度尽量设计成一样长，即 $L_1=L_2=L_3$，装模方便。

⑨ 限位块、拉钩的螺钉尽量做大，保证模具在生产中的安全。

⑩ 弹簧的选择要根据滑块重量而定。对于特深的定模弹块应注意：

a. 最好不用螺旋弹簧，而改用氮气弹簧（因为螺旋弹簧时间长了会失效，会损坏模具）；

b. 定模板要凸出动模板内，防止定模板外掀，增加模具强度；

c. 为了方便成型塑件取出，设计时要求滑块高出分型面越低越好，最好能一样高；

d. 设计师在订购滑块料时要以滑块背面为基准确定尺寸，这样会大大节省成本。

3.5.10 动模弹块的设计要求及注意事项

动模弹块（见图3.39）是要求在A、B板（动模B板，简称B板）开模之前在弹簧的作用下先开弹板，使滑块沿开模方向及水平方向进行的两种运动形式，使之脱离倒扣，然后再开A、B板，这就要求A、B板之间必须安装扣机。其滑块的行程按如下公式计算：

$$S = H\tan\beta$$

式中　S——滑块水平运动距离，$S > S_1 + 3\text{mm}$；

　　　H——开模方向行程，mm；

　　　β——T槽角度，(°)。

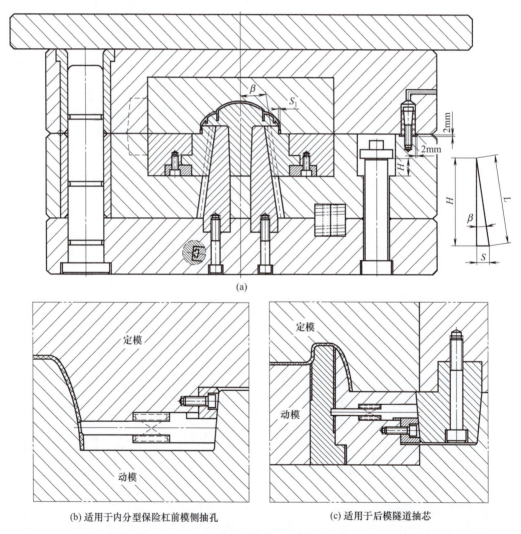

图 3.39　动模弹块

3.5.11 滑块弹针弹块的设计

当滑块上的成型面积较大，或滑块成型面上有筋骨时，模具打开时，产品都易粘在滑块上，这就要求在模具设计时要在滑块上设计弹针弹块（又称横向顶针或推块），使产品能顺利地出模，如图 3.40 所示。

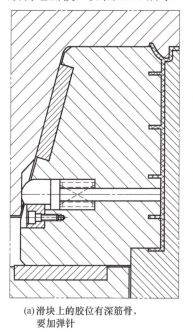
(a) 滑块上的胶位有深筋骨，要加弹针

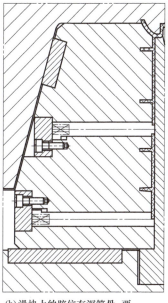
(b) 滑块上的胶位有深筋骨，要加弹针(胶位上有碰穿孔)

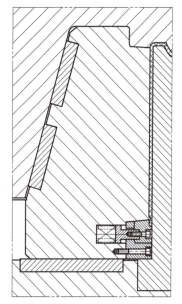
(c) 滑块需蚀纹，后模没有深筋骨，要加弹块(弹块处不蚀纹)

图 3.40　滑块弹针设计

3.5.12　滑块拉钩的设计标准及应用场合

一般情况下，汽车中央通道注塑模具动模都有大面积的倒扣，但做内滑块或斜顶也不可能实现产品的顺利脱模，必须要强制脱模。其强制脱模时顶出比较困难，所以一般在外滑块底部设计 1～2 个拉钩来帮助产品能顺利脱模，如图 3.41 所示。

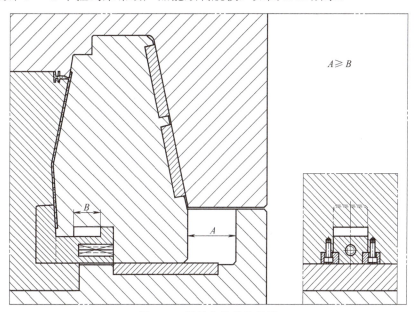

图 3.41　滑块上的拉钩设计

3.6 斜向滑块设计标准及要求

由于成品的倒扣面是倾斜的,因此滑块的运动方向要与成品倒扣和斜面方向一致(或大于),否则会拉伤成品。如图 3.42 所示,如果滑块在运动方向的斜度(β)+斜导柱的斜度(γ)超过 25°,可能会形成自锁,为了安全起见,尽量采用油缸来带动滑块运动。斜滑块的设计按一般的滑块标准设计就可以了。

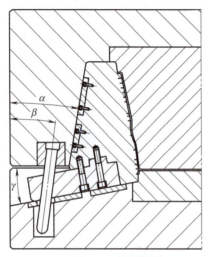
(a) $\beta+\gamma<25°$,采用斜导柱

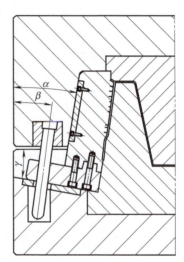
(b) $\beta+\gamma<25°$,采用斜导柱

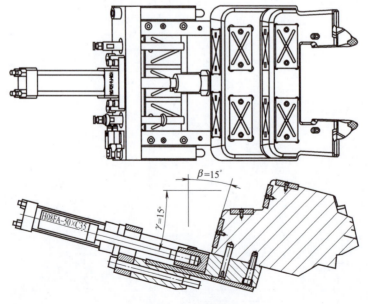
(c) $\beta+\gamma>25°$,采用油缸

图 3.42 斜向滑块的设计

第4章

浇注系统设计

  汽车塑料零件大多属于大型薄壁塑件，如前后保险杠、正副仪表板、手套箱、地图袋和门板等。这些零件的注塑模具熔体填充困难，模具设计前期需要做模流分析对设计方案进行验证，浇注系统往往是这类模具设计的设计难点。对于大型薄壁汽车注塑模具，其浇注系统通常采用热流道多点进料。而对于前、后保险杠等大型外观件，表面质量要求很高，不允许有熔接痕等成型缺陷。为解决这些技术难题，模具还通常采用顺序阀热流道浇口控制技术，简称 SVG 技术（Sequential Valve Gate Technology）。这种热流道中的热射嘴全部采用针阀式，它们不是同时进料，而是由油缸与电磁阀按熔体填充要求来控制其开启和关闭的顺序，由此达到了塑件表面无熔接痕的理想效果。SVG 技术不但可以消除塑件表面的熔接痕，而且可以消除塑件内部的残余应力，降低模具的成型周期。

4.1 产品设计要求

  注塑模具是根据所成型的塑料产品进行"私人定制"的生产工具，塑料产品的设计务必在满足功能和使用要求的前提下结构越简单越好，成型越容易越好。

4.1.1 增加产品脱模角度

  在斜顶滑块等抽芯块上相对运动方向上增加脱模角度，如图 4.1 所示。

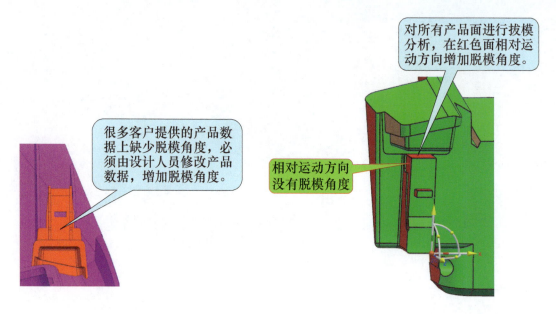

图 4.1 产品必须有脱模角度

4.1.2 加强筋厚度要求

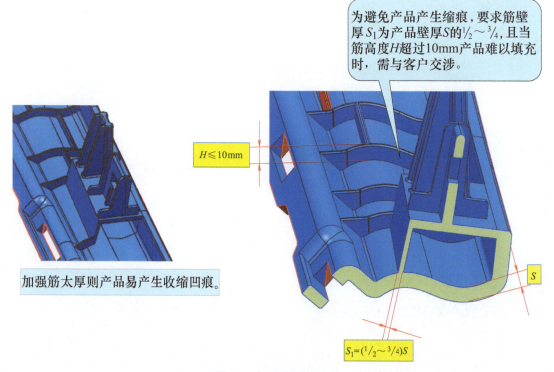

图 4.2 加强筋厚度要求

4.2　浇口形式

浇口的形式决定了模架的规格型号，浇口的大小、位置和数量会直接影响产品的外观和内部质量。

4.2.1　侧浇口

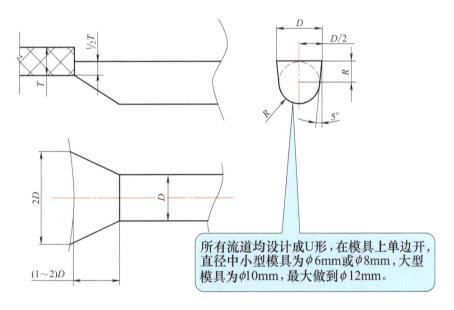

图 4.3　侧浇口

4.2.2　搭接浇口

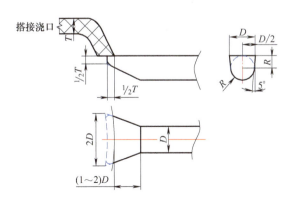

图 4.4　搭接浇口

4.2.3 扇形浇口

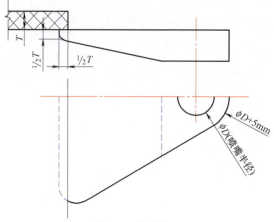

图 4.5　扇形浇口

4.2.4 潜伏式浇口

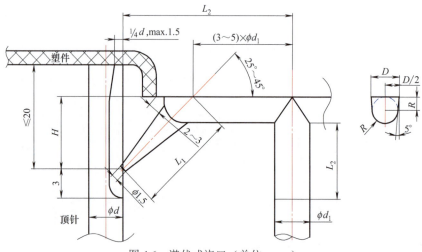

图 4.6　潜伏式浇口（单位：mm）

4.2.5 香蕉浇口

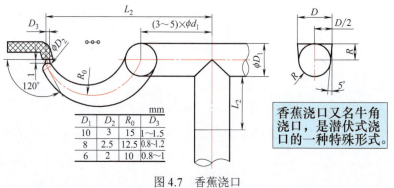

香蕉浇口又名牛角浇口，是潜伏式浇口的一种特殊形式。

图 4.7　香蕉浇口

4.2.6 点浇口

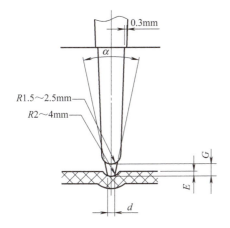

d	E	G
0.5	0.5	1.5
0.6	0.8	1.5
0.8	0.8	1.5
1.0	0.8	1.5
1.2	1.0	2.0
1.4	1.0	2.0
1.6	1.5	2.5

①此为典型的点浇口(细水口)结构。
②内模与模板连接处的纵向分流道应设计0.3mm台阶，以免装模时发生偏差导致流道凝料拔不出。
③浇口正对的壁厚应设计成球状凸出，以缓冲注塑压力，改善熔体填充，同时不会在浇口处产生应力集中而影响制品质量。

图 4.8　点浇口

4.3 流道及拉料杆

4.3.1 进浇口流道要求

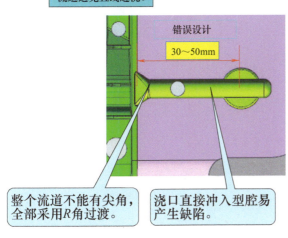
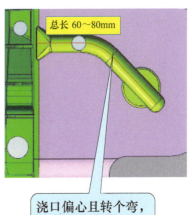

图 4.9　流道设计

4.3.2 拉料杆及冷料穴

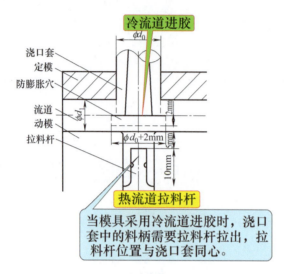

(a) 冷流道

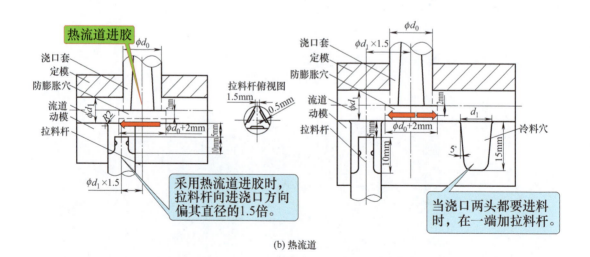

(b) 热流道

图 4.10 拉料杆及冷料穴

4.4 其他热流道标准

4.4.1 热射嘴凸台标准

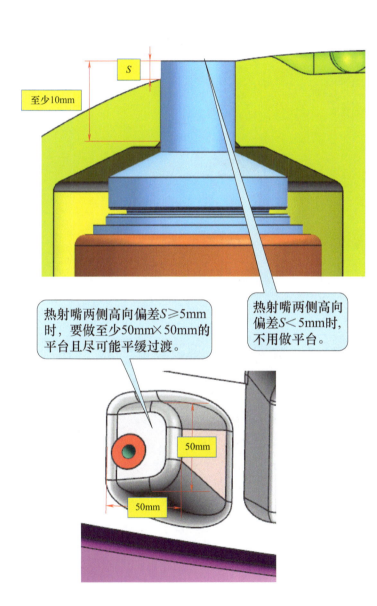
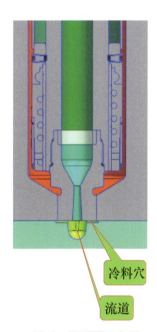
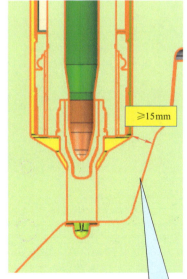

图 4.11　热射嘴前端凸台设计标准

4.4.2 热射嘴出线槽

出线槽越短越好，若要拐弯应采用圆弧过渡，圆弧半径越大越好。

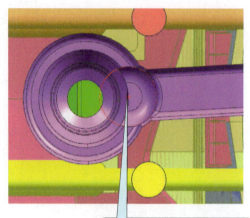

原设计：热流道热射嘴出线槽中心在喷嘴圆弧上，只能铣下去，加工成本高。

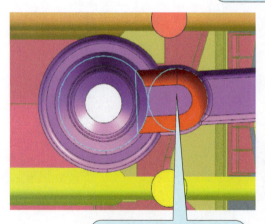
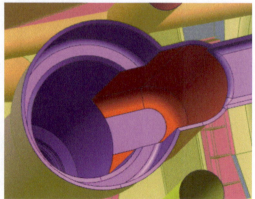

新标准：热流道热射嘴出线槽圆弧与热射嘴圆弧相切，热射嘴线槽采用钻床加工后再用电火花加工。

图 4.12　热流道出线槽设计

4.4.3 热流道板标准

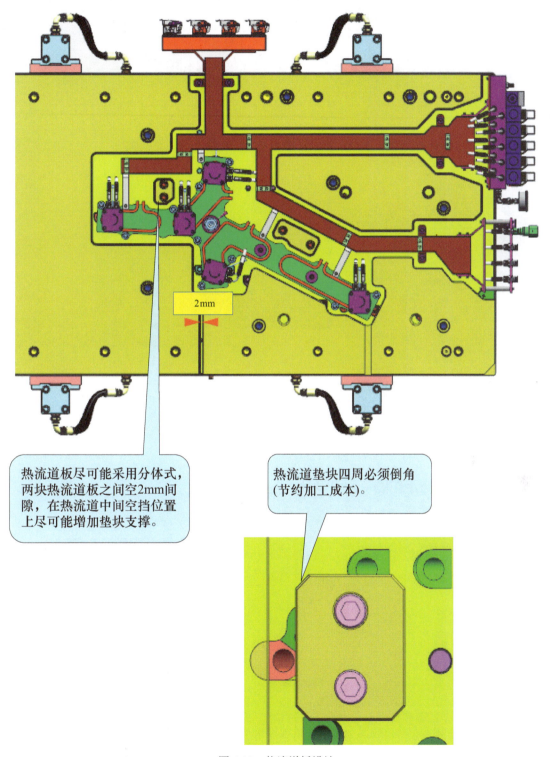

图 4.13 热流道板设计

4.4.4 浇口套

浇口套内是主流道，主流道越短越好。主流道是一段圆锥台，对于点浇口，锥角 10°～25°；对于侧浇口，锥角 2°～5°。

一般情况下，所有的热射嘴或者浇口套前端分型面一定做成平面，且与A板底面距离尽量做到80mm以内且是5的倍数。

(a)

浇口套到定位圈的距离由注塑机调整，保证浇口套长度≤80mm。

(b)

图 4.14 浇口套设计

4.4.5 定位圈与定位圈-封胶设计

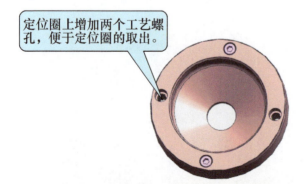

定位圈上增加两个工艺螺孔，便于定位圈的取出。

定位圈直径 /mm	螺钉数量 /个
100	2
150	2
200	4
250	4
350	4

定位圈的材料用45钢，一般定位圈沉入固定板10mm，凸出固定板15mm，客户有特殊要求的按客户标准。

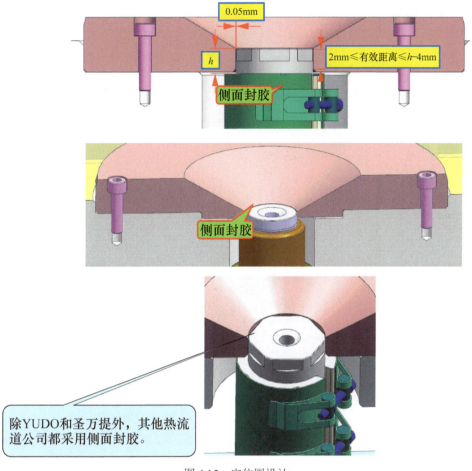

图 4.15　定位圈设计

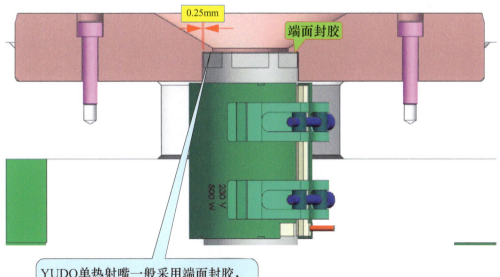

图 4.16　定位圈封胶设计

4.4.6 注射压力计算

公式:
合模力(F)>平均注塑压力(P)×模具设计截面积(S)
注:对流动性不太好的材料(如AC、PC HPVS等),平均注塑压力大约为250kgf/cm²。

图 4.17 注射压力计算

表 4.1 参考面积计算

形状	矩形	三角形	圆形	方框	圆环	梯形
面积	$h \cdot b$	$\frac{1}{2} h \cdot b$	$\frac{\pi}{4} d^2$	$B \cdot H - b \cdot H$	$\frac{\pi}{4}(D^2-d^2)$	$\frac{1}{2}(a+b) \cdot h$

4.4.7 浇注系统的构成及选用

浇注系统是指注塑机喷嘴与型腔之间的流道。浇注系统可以分为普通浇注系统(冷流道系统)和热流道浇注系统。

(1)普通浇注系统

普通浇注系统(见图4.18)是指注塑机喷嘴与型腔之间的流道没有加温,适合在流道的流程较短、产品的注塑周期比较短的情况下使用。普通浇注系统的优点是模具零件加工简单,成本低;缺点是流道压力损失大,生产效率低,产生太多的流道废料。

(2)热流道浇注系统

热流道浇注系统(见图4.19、图4.20)是指注塑机喷嘴与型腔之间的流道需要加温或者有一部分流道需要加温,适用于流道比较长、产品比较大的情况下使用。热流道浇注系统的优点是流道压力损失小,在熔融的塑料注塑过程中不会过早凝固,生产效率高,产生流道废料少;缺点是热流道系统成本太高。

4.4.8 热流道主浇口设计

(1)主浇口的型号规格

主浇口的型号规格对不同的塑料有不同的要求。主浇口的型号(见图4.21)分为:针阀式热射嘴、开放式热射嘴、针点式热射嘴等,在汽车模具设计中大多采用针阀式与开放式热射嘴,针点式热射嘴由于流量太小,加工困难,在汽车模具中不建议采用。

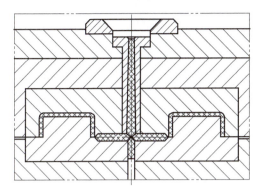
图 4.18 普通浇注系统

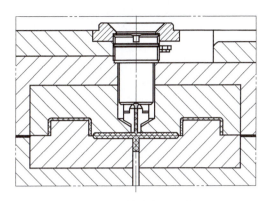
图 4.19 单热射嘴浇注系统

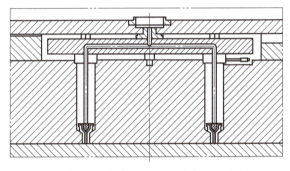
图 4.20 带分流板式热射嘴浇注系充

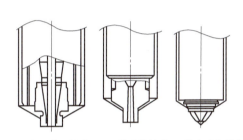
(a) 针阀式热射嘴 (b) 开放式热射嘴 (c) 针点式热射嘴

图 4.21 主浇口型号

（2）针阀式热射嘴设计

针阀式热射嘴设计标准分无冷料头与有冷料头设计，在设计时优先选用无冷料头设计，有冷料头设计一般是在放置热射嘴空间有限或者热射嘴放置在大斜面的情况下使用，如图 4.22 所示。

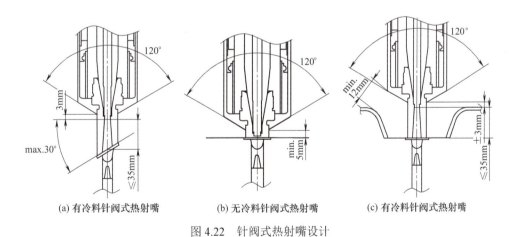

(a) 有冷料针阀式热射嘴　　(b) 无冷料针阀式热射嘴　　(c) 有冷料针阀式热射嘴

图 4.22 针阀式热射嘴设计

（3）开放式热射嘴设计

开放式热射嘴设计要求，前端配合位最少不能小于 5mm，最大不超过 25mm，如图 4.23 所示。

（4）热射嘴上的避空设计

热射嘴在加热时都会因为热膨胀而变长，设计在分型面上的热射嘴必须考虑到热射嘴的前端避空，在定模或者动模上做 1mm 的避空位，在加工上动模做避空比定模做避空方便，所以优先在动模做 1mm 避空，如图 4.24 所示。

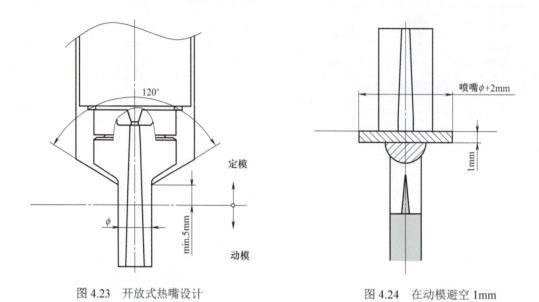

图 4.23　开放式热嘴设计　　　　　图 4.24　在动模避空 1mm

（5）喷嘴对面冷料井设计

由于喷嘴与冷模具接触降温，导致喷嘴前端经常会存在一些低温料，为了不让这段冷料流进分流道与型腔，在普通浇注系统的主流道对面与热流道系统的开放式热射嘴对面一般都要设计冷料井（水口针），如图 4.25 所示。

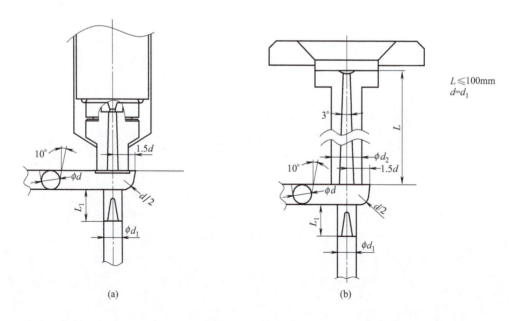

图 4.25　冷料井设计

4.5 热流道的安装位置及注意事项

性能合适的热流道系统基于热流道的正确设计和安装；另一方面，缩短安装工作时间和减少对热流道系统的损坏是我们选择整体式热流道的先决条件。

（1）热流道系统安装方式

根据客户的要求，结合国家标准，热流道系统的安装方式大概有以下 4 种。

① 整体式安装（见图 4.26），是将热流道整个安装在一起再通过面板导柱导向装入模具中。其优点是安装方便、不经常装卸热流道元件、不容易坏，能保护好整个热流道系统；缺点是热流道固定板比较厚，增加四条导柱，成本比较高。

② 分体式安装（见图 4.27），是按顺序安装热流道固定板、热射嘴（Synventive、HRS、登来秀等的热射嘴是用螺纹固定在热流道板上的）、热流道板、面板。其优点是比整体式热流道的固定板薄，没有四条导柱，节约成本；缺点是装卸时间较长，容易把热电偶、加热线弄坏。

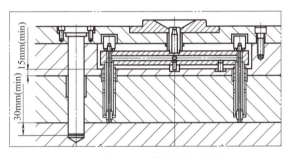

图 4.26　整体式热流道

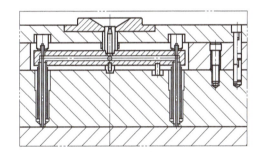

图 4.27　分体式热流道

③ 嵌入式安装（见图 4.28），是减少热流道固定板，将热流道板沉入 A 板内。这种装配方式一般适用于 A 板是镶拼式的。如果 A 板为整体式（非镶拼式）结构，一定要增加热流道固定板，除非模具太厚，不能上所规定的注塑机。其优缺点同分体式热流道。

④ 简化式安装（见图 4.29），是减少热流道固定板和面板，将热流道板沉入 A 板内，用螺钉将热流道板锁在 A 板内，靠注塑机安装板压住热流道板来进行注塑生产。这种装配方式主要适用于软模中，要求成本要低，但是要注意的是热流道系统要同该模具的硬模公用。

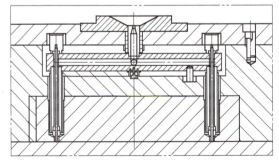

图 4.28　嵌入式安装

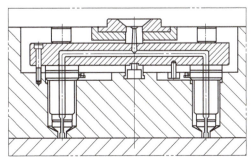

图 4.29　简化式安装

（2）热流道系统设计注意事项

① 热流道板必须有中心定位和远端防转，而且防转孔必须在膨胀方向做成椭圆形。

② 非螺纹固定热射嘴的热流道最好在每个热射嘴旁边增加两个模板螺钉，还有热射嘴上方的垫圈介子要做高 0.2～0.4mm，以免有漏胶现象发生。

③ 凡是有线经过的地方都要把锐角倒成圆角，以免把线割坏。

4.6 热流道定位圈的设计标准及注意事项

模具定位圈是指模具最前端的部分，是将定模部分装入注塑机定压板的定位对中装置，应与注塑机的定位孔采取动配合的连接方式，以保证模体对中；定位圈能保证注塑机喷嘴精确对准模具浇口套，使熔融塑胶顺利完成注射过程，并且生产出合格产品。

（1）定位圈的设计标准

按注塑机的要求，定位圈一般有三种。分别是 $\phi100mm$、$\phi150mm$、$\phi250mm$。在设计定位圈时，首先要按客户的标准，若有不能在注塑机上试模生产的，要另外加工以便试模。

（2）定位圈设计的注意事项

① 浇口套最少要沉入面板 2mm，以保证在没有安装定位圈的情况下翻模时保护好浇口套（见图 4.30）。

② 在进行佛吉业模具的定位圈设计时，要注意正面板上要设计定位圈反装时的空间（见图 4.31）。

③ 单热射嘴进胶时，定位圈必须压紧热射嘴头部，以免热射嘴松动漏胶（见图 4.32）。

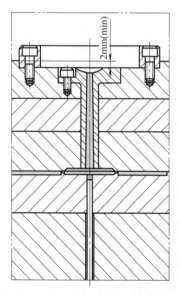

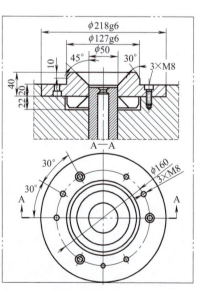

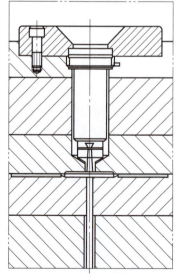

图 4.30　模板 2mm 定位圈流入　　图 4.31　佛吉业标准定位圈　　图 4.32　定位圈压住热射嘴
（单位：mm）

4.7. 汽车注塑模具浇注系统设计实例

4.7.1 汽车门板浇注系统

门板的进浇位置列出三套案例，如图 4.33 所示。

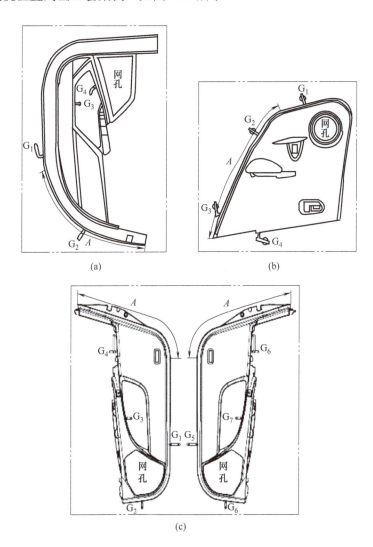

图 4.33 汽车门板进浇位置

图 4.33 中 A 区域为门板在车门上的外侧，属于外观面，故设计浇口进胶时尽量不将浇口设计在 A 区域内。若必须在 A 区域设计浇口，那么必须设计为潜浇口；但是，若 A 区域的断面视图如图 4.34～图 4.37 所示，则可以把浇口设计在产品底部以搭胶或潜胶形式进胶。

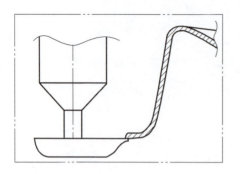
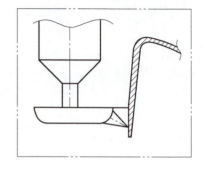

图4.34 门板浇口设计

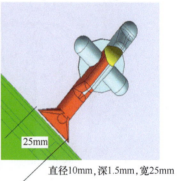

直径10mm,深1.5mm,宽25mm

针阀3点进胶

后门板

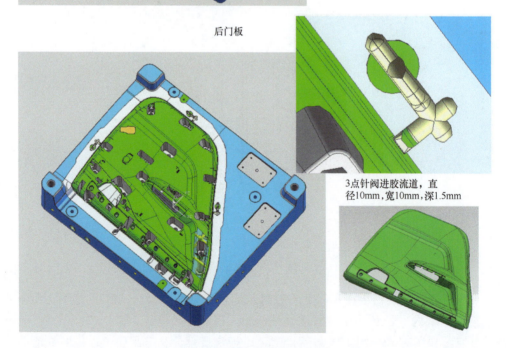

3点针阀进胶流道,直径10mm,宽10mm,深1.5mm

图4.35 门板注塑模浇口设计

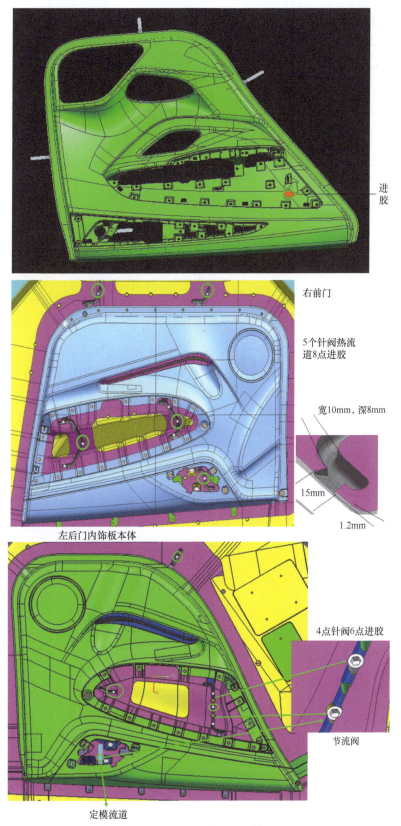

图 4.36 门板进胶位置及数量

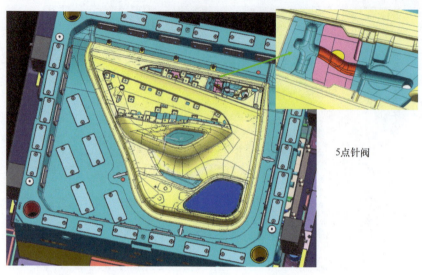

图 4.37 门板注塑模浇口及流道设计

4.7.2 汽车保险杠浇注系统

保险杠产品属于汽车最直接的外观件，故对产品表面质量要求非常高。在设计保险杠浇口时要充分考虑表面可能出现的不良现象，尤其是对热流道点数及位置的选择，必须经过模流分析的验证。保险杠模具均采用顺序阀热流道进胶，通过针阀来控制产品表面熔接线位置；保险杠模具在无法消除熔接线的情况下，可以通过顺序阀将熔接线赶到非外观区域。

图 4.38 列出了保险杠浇口位置的 4 套案例。

4.7.3 汽车中央通道浇注系统

中央通道产品属于汽车内饰件中的外观件，所有产品要求表面无熔接线。图 4.39 列出了中央通道浇口位置的 3 套案例。

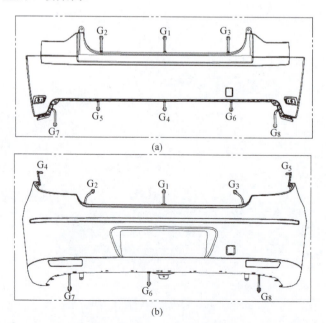

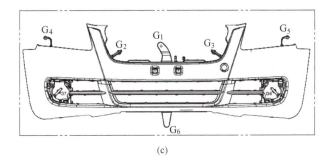

(c)

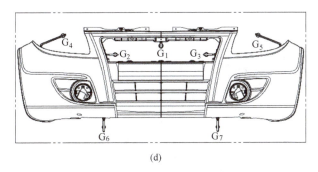

(d)

图 4.38 保险杠浇口位置及数量

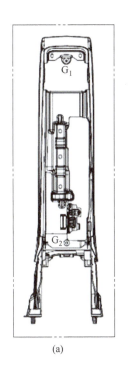
(a)

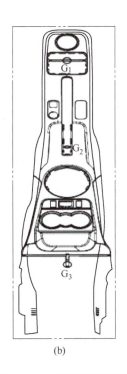
(b)

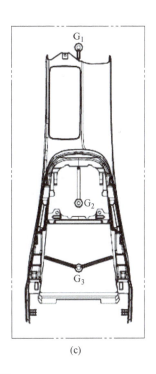
(c)

图 4.39 中央通道浇口位置及数量

热流道浇口直接设计在产品表面（非外观面），此类设计可以减少浇口材料的浪费，并有利于模具的注塑成型。

4.7.4 汽车仪表板浇注系统

仪表板分为外观件类型与非外观件类型。外观件类型在设计模具热流道时要保证把熔接线赶到非外观面或消除熔接线；非外观件类型在设计模具热流道时需要考虑产品熔接线的位置是否影响产品的强度。图4.40给出了仪表板浇口位置及数据。

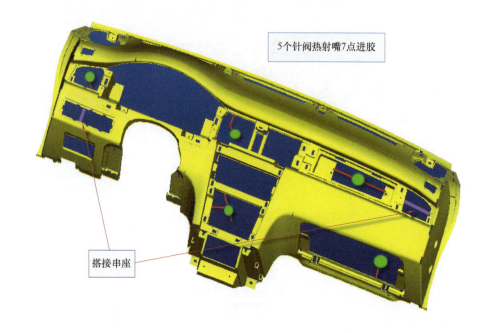

5个针阀热射嘴7点进胶

搭接串座

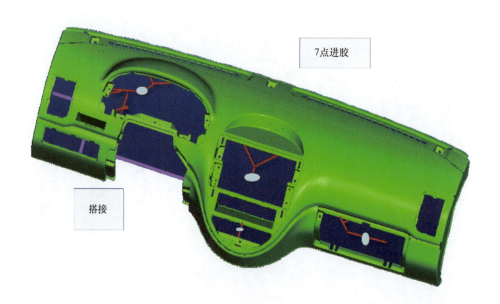

7点进胶

搭接

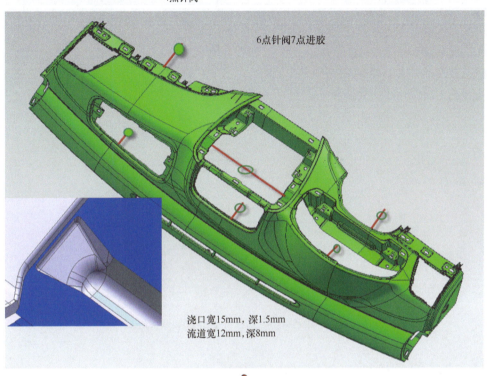

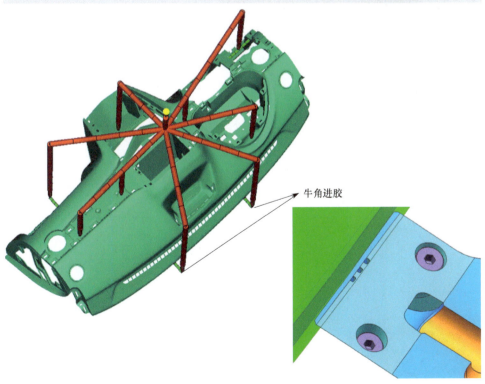

图 4.40 仪表板浇口位置及数量

4.7.5 汽车前大灯反射镜浇注系统

成型塑件为高光电镀件，外观面要求高，不能采用点浇口从中间进料，故采用侧浇口浇注系统。又由于高光电镀件不能有气泡、雾晕等成型缺陷，故浇口采用扇形浇口，详见图4.41。这种浇口不但成型质量好，而且切除方便，切除后在塑件表面留下的痕迹较小，不会影响塑件的外观质量。

塑件为BMC料，流动性差，在设计流道时流道要粗且短。

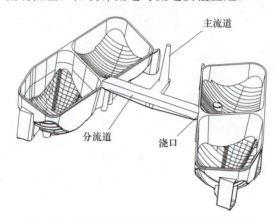

图4.41　汽车前大灯反射镜注塑模具浇注系统

4.7.6 汽车后视镜基座浇注系统

模具浇注系统采用"热流道浇注系统＋普通流道浇注系统"的组合形式，采用1点开放式热射嘴，普通流道浇注系统采用"圆形截面分流道＋侧浇口"的形式，详见图4.42。

为降低注塑周期，减少流道凝料，避免普通流道过长致压力损失过大，热射嘴至型腔边缘的分流道长度越短越好，本模具分流道长度为70mm。

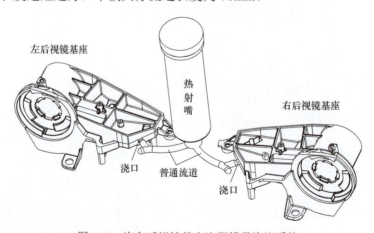

图4.42　汽车后视镜基座注塑模具浇注系统

4.7.7 汽车前大灯透镜浇注系统

前大灯透镜为PC料，流动性差，浇注系统的流道应粗且短，浇口设计成扇形，扇形的最大尺寸为38mm,厚度最薄处为0.6mm,开设在动模侧,沿分型面搭接式进胶,这样不但利于填充,而且浇口切除后不会影响塑件外观。塑料熔体要避免直冲薄弱型芯,否则型芯易产生变形而影响模具寿命。

4.7.8 汽车前门地图袋骨架浇注系统

汽车地图袋、骨架注塑模具采用热流道直接进胶,浇口数量每腔4个,共8个。浇注系统包括一级热射嘴、热流道板、二级热射嘴以及油缸、电磁阀、接线盒等配件,热射嘴由顺序阀控制进料顺序,详细结构见图4.44。

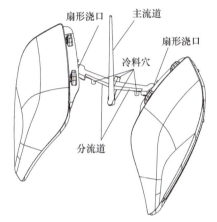

图4.43 汽车前大灯透镜注塑模具浇注系统

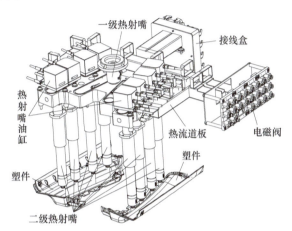

图4.44 汽车地图袋骨架注塑模具浇注系统

4.7.9 汽车衣帽架浇注系统

为保证成型质量,衣帽架模具采用"热流道+冷流道+侧浇口进胶"的浇注系统,7个热射嘴分别由7个顺序阀控制进料顺序,以平衡熔体填充,有效控制熔接痕的位置。7个热射嘴的位置通过模流分析确定,如图4.45所示。

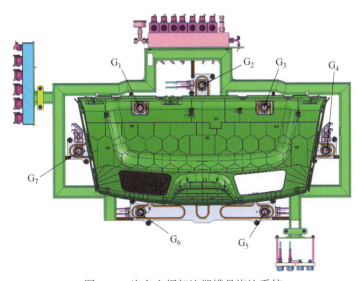

图4.45 汽车衣帽架注塑模具浇注系统

4.8 汽车注塑模具成型零件尺寸设计实例

在确定成型零件尺寸的时候,既要节约成本,提高经济效益,又要保证模具强度和刚度,使模具的寿命和塑件的精度达到设计要求。对于汽车注塑模具成型零件尺寸,各大公司在长期的设计实践中都积累了丰富的经验,针对不同的塑件制订了详细的设计标准。

4.8.1 汽车保险杠注塑模具成型零件尺寸设计

图 4.46 是汽车保险杠注塑模具定模镶件,图中相关尺寸见表 4.2。

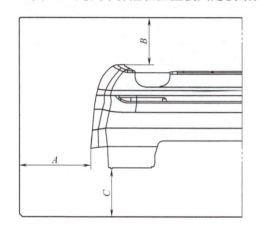 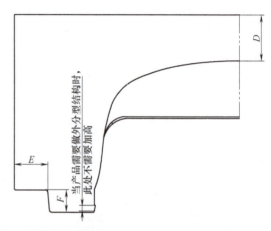

图 4.46 汽车保险杠注塑模具定模镶件

表 4.2 汽车保险杠注塑模具定模镶件尺寸标准　　　　　　　　　mm

客户名称	保险杠强度参考尺寸						备注
	A	B	C	D	E	F	
佛吉亚	300～350	270	270	210～250	160	150～160	
Sermo	320～380	300	250～300	200～220	150～180	120～150	
一汽大众	350	250	250	200～230	150	150	
一汽轿车	300～320	220	220	180	145	150	
伟世通	350	250	250	210～250	150	150～160	
福特	290～320	320	280	200	150	90	
菲亚特	310～330	260～280	260～280	200	170	150	
日产	300～320	180～200	160～180	170	30	130	定、动模板为铸铁
平江	280～300	180～200	160～180	160～180	30	130	定、动模板为铸铁
海马	280～300	180～200	160～180	160～180	30	130	定、动模板为铸铁
低价模具或软模	250～280	160～180	140～160	140～160	100～120	80～100	

4.8.2　汽车仪表板注塑模具成型零件尺寸设计

图 4.47 是汽车仪表板注塑模具成型零件，图中相关尺寸见表 4.3。

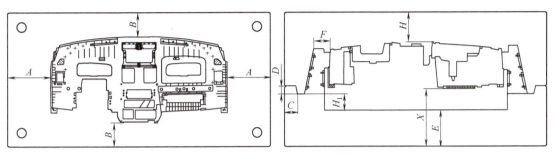

图 4.47　汽车仪表板注塑模具成型零件

表 4.3　汽车仪表板注塑模具成型零件尺寸标准　　　　　　　　　　　mm

客户名称	产品类型	仪表板强度参考尺寸							
		A	B	C	D	E	F	H	H_1
国外模具	有滑块	350～380	300～350	110	90～100	160	65～70	160～180	80
	无滑块	250～300	230～250	110	90～100	160		160～180	80
国内模具	有滑块	300～350	250～300	100	80～90	140	65～70	140～160	60
	无滑块	200～250	200～280	100	80～90	140		140～160	60
备注		若 B 板为原身留时，产品底到 B 板底的数值 $X=E+H_1-40$							

4.8.3　汽车门板注塑模具成型零件尺寸设计

图 4.48 是汽车门板注塑模具成型零件，图中相关尺寸见表 4.4。

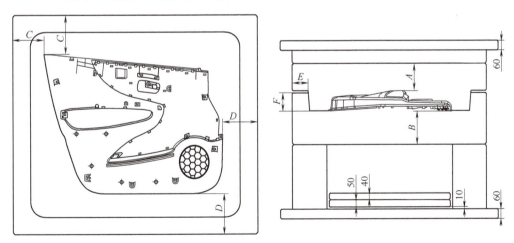

图 4.48　汽车门板注塑模具成型零件（单位：mm）

4.8.4　汽车中央通道注塑模具成型零件尺寸设计

图 4.49 是汽车中央通道注塑模具成型零件，图中相关尺寸见表 4.5。

表 4.4　汽车门板注塑模具成型零件尺寸标准　　　　　　　　　　　　　　　　　mm

客户名称		门板模具强度参考尺寸					
		A	B	C	D	E	F
佛吉亚		160～190	170～190	180～200	200～240	120	100～110
铃木		150～180	160～180	160～180	180～200	85	80～90
伟世通		130～150	140～160	140～160	180～200	75	70～80
总结规范	国外模具	170	180	190	220	100	105
	国内模具	140	150	150	180	75	80
	实验模具	90	100	100	120	50	80

注：若门板模具的型腔数为 1×2 时，那就不能按本表中的参数。

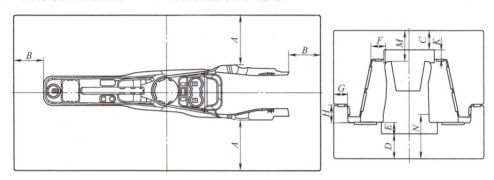

图 4.49　汽车中央通道注塑模具成型零件

表 4.5　汽车中央通道注塑模具成型零件尺寸标准　　　　　　　　　　　　　　　　mm

客户名称	中央通道模具强度参考尺寸								
	A	B	C	D	E	F	G	H	K
国外模具	300～350	220～250	90～110	120～140	80	70～80	80～100	90～100	60～70
国内模具	250～300	200～220	80～100	100～120	60	60～70	70～90	80～90	50～60
备注	若 B 板为原身留时，产品底到 B 板底的数值 $N=D+E-60$								
	若 A 板为原身留时，产品底到 A 板底的数值 $M=C+K-60$								

4.8.5　汽车进气格栅注塑模具成型零件尺寸设计

图 4.50 是汽车进气格栅注塑模具成型零件及其尺寸。

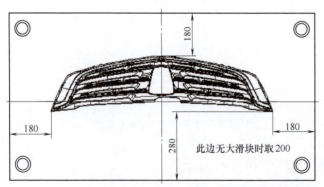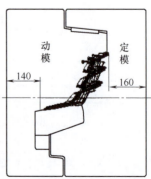

图 4.50　汽车进气格栅注塑模具成型零件及其尺寸（单位：mm）

4.8.6 汽车导流板注塑模具成型零件尺寸设计

图 4.51 是汽车导流板注塑模具成型零件及其尺寸。

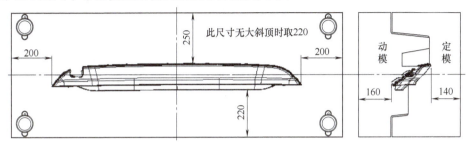

图 4.51　汽车导流板注塑模具成型零件及其尺寸（单位：mm）

4.8.7 汽车扰流板注塑模具成型零件尺寸设计

图 4.52 是汽车扰流板注塑模具成型零件及其尺寸。

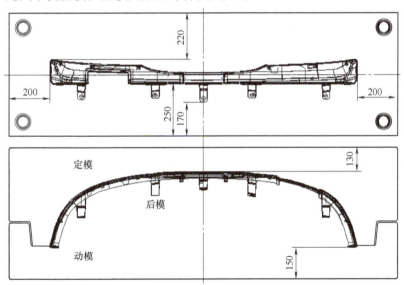

图 4.52　汽车扰流板注塑模具成型零件及其尺寸（单位：mm）

4.8.8 汽车左右下扰流板注塑模具成型零件尺寸设计

图 4.53 是汽车左右下扰流板注塑模具成型零件及其尺寸。

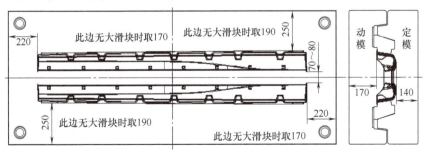

图 4.53　汽车左右下扰流板注塑模具成型零件及其尺寸（型腔数量 1+1，单位：mm）

4.8.9 汽车装饰条注塑模具成型零件尺寸设计

图 4.54 是汽车装饰条注塑模具成型零件及其尺寸。

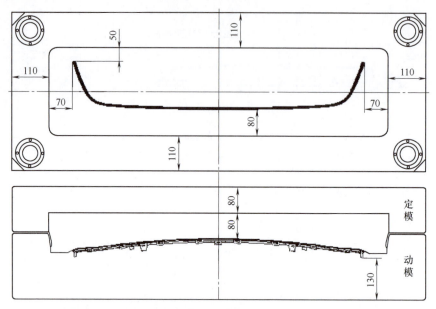

图 4.54　汽车装饰条注塑模具成型零件及其尺寸（单位：mm）

电镀装饰条对定模材料要求比较高，一般都是采用硬度比较高或者需要热处理的钢材，所以定模一般都做镶件设计，动模就根据实际情况而定。

4.8.10 汽车格栅上装饰条注塑模具成型零件尺寸设计

图 4.55 是汽车格栅上装饰条注塑模具成型零件及其尺寸。

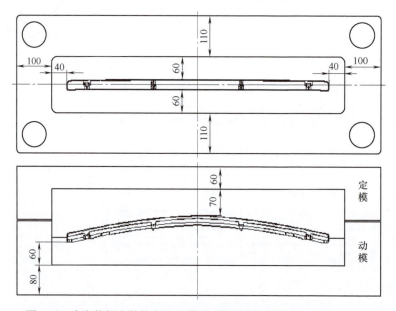

图 4.55　汽车格栅上装饰条注塑模具成型零件及其尺寸（单位：mm）

4.8.11 汽车仪表板本体注塑模具成型零件尺寸设计

图 4.56 是汽车仪表板本体注塑模具成型零件，表 4.6 是成型零件的相关尺寸。

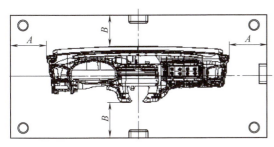 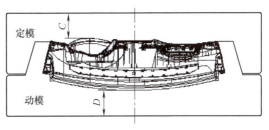

图 4.56　汽车仪表板本体注塑模具成型零件

表 4.6　汽车仪表板本体注塑模具成型零件尺寸标准　　　　　　　　　　mm

客户名称	产品类型	仪表板强度参考尺寸			
		A	B	C	D
国外模具	有大滑块	340	360	200	220
	无大滑块	280	300	200	220
国内模具	有大滑块	300	320	180	200
	无大滑块	240	260	180	200

4.8.12 汽车上仪表板本体注塑模具成型零件尺寸设计

图 4.57 是汽车上仪表板本体注塑模具成型零件，表 4.7 是成型零件的相关尺寸。

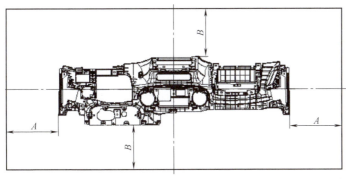 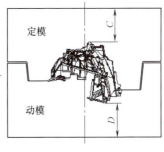

图 4.57　汽车上仪表板本体注塑模具成型零件

表 4.7　汽车上仪表板本体注塑模具成型零件尺寸标准　　　　　　　　　　mm

客户名称	产品类型	仪表板强度参考尺寸			
		A	B	C	D
国外模具	有大滑块	320	340	200	220
	无大滑块	260	280	200	220
国内模具	有大滑块	280	300	180	200
	无大滑块	220	240	180	200

4.8.13 汽车手套箱注塑模具成型零件尺寸设计

图4.58是汽车手套箱注塑模具成型零件及其尺寸。

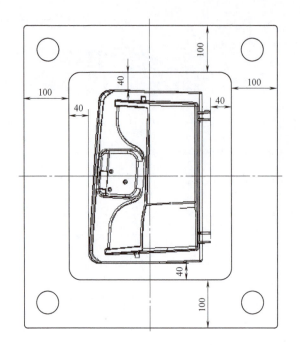
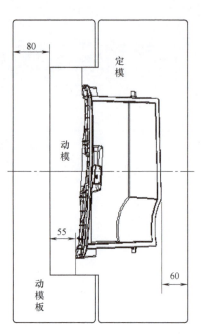

图4.58　汽车手套箱注塑模具成型零件及其尺寸（单位：mm）

4.8.14 汽车除霜风道注塑模具成型零件尺寸设计

图4.59是汽车除霜风道注塑模具成型零件及其尺寸。

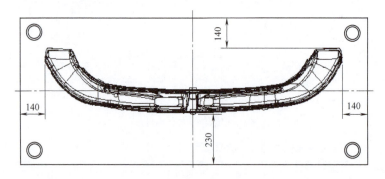

图4.59　汽车除霜风道注塑模具成型零件及其尺寸（单位：mm）

4.8.15 汽车地图袋注塑模具成型零件尺寸设计

图4.60是汽车地图袋注塑模具成型零件及其尺寸。

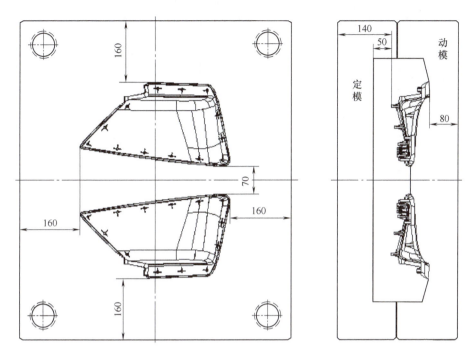

图 4.60 汽车地图袋注塑模具成型零件及其尺寸（单位：mm）

4.8.16 汽车左右扶手注塑模具成型零件尺寸设计

图 4.61 是汽车左右扶手注塑模具成型零件及其尺寸。

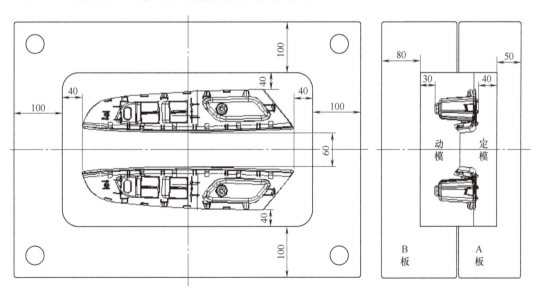

图 4.61 汽车左右扶手注塑模具成型零件及其尺寸（单位：mm）

4.8.17 汽车挡泥板注塑模具成型零件尺寸设计

图 4.62 是汽车挡泥板注塑模具成型零件及其尺寸。

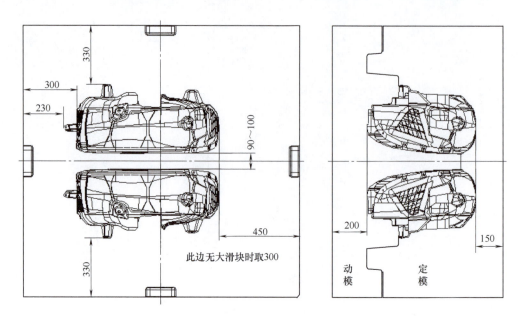

图 4.62 汽车挡泥板注塑模具成型零件及其尺寸（单位：mm）

4.8.18 汽车座椅背板注塑模具成型零件尺寸设计

图 4.63 是汽车座椅背板注塑模具成型零件及其尺寸。

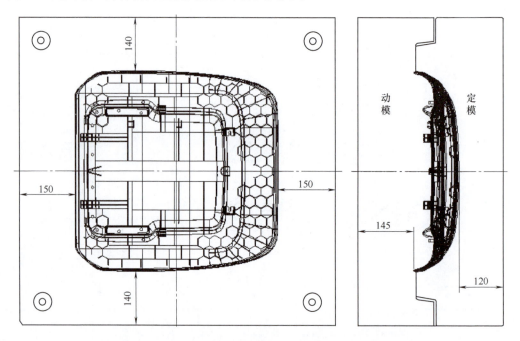

图 4.63 汽车座椅背板注塑模具成型零件及其尺寸（单位：mm）

4.8.19 汽车 A 柱注塑模具成型零件尺寸设计

图 4.64 是汽车 A 柱注塑模具成型零件及其尺寸。

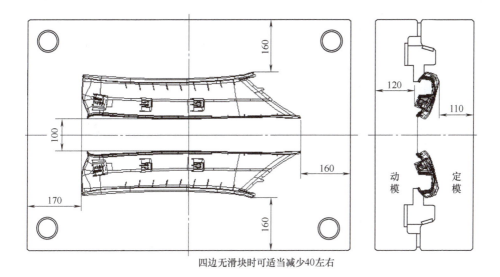

图 4.64 汽车 A 柱注塑模具成型零件及其尺寸（单位：mm）

4.8.20 汽车 B 柱注塑模具成型零件尺寸设计

图 4.65 是汽车 B 柱注塑模具成型零件及其尺寸。

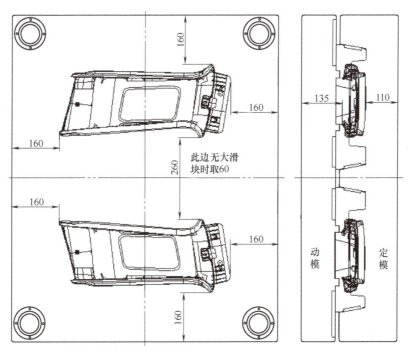

图 4.65 汽车 B 柱注塑模具成型零件及其尺寸（单位：mm）

4.8.21 汽车 C 柱注塑模具成型零件尺寸设计

图 4.66 是汽车 C 柱注塑模具成型零件及其尺寸。

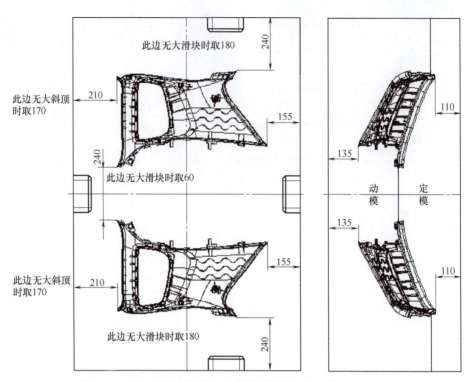

图4.66 汽车C柱注塑模具成型零件及其尺寸（单位：mm）

以上案例为珠三角大型汽车模具生产工厂多年的设计经验总结，适用于国内外汽车模具的设计。汽车制品种类繁多，不一一列举，读者在设计时可参考以上强度，在设计模具时灵活运用。

第 5 章

温度控制系统设计

　　汽车注塑模具温度控制系统通常有垂直式冷却水道、倾斜式冷却水道和水井隔片式冷却水道三种形式。在各种中大型汽车注塑模具中，以上三种冷却形式常常组合使用。其组合形式通常有两种，第一种是"垂直式冷却水道＋倾斜式冷却水道＋水井隔片式冷却水道"，即优先采用垂直式冷却水管，其次是倾斜式冷却水管，万不得已才采用冷却水井隔片式冷却水道。该种形式的优点是制品冷却均匀，成型周期快，制品质量高，适用于高要求与外观性能要求高的注塑模具。第二种组合形式是"垂直式冷却水道＋水井隔片式冷却水道＋倾斜式冷却水道"，即优先采用垂直式冷却水管，其次是冷却水井，万不得已才采用倾斜式冷却水管。这种形式的优点是加工成本低，加工方便快捷。缺点是在模具上过多地设计水井对模具强度造成了一定的影响，制品冷却效果相对于第一种要差些。

　　在汽车注塑模具设计中，每套模具在设计过程中都需要运用 MOLDFLOW 软件进行冷却变形分析，通过前期模拟分析来验证模具温度控制系统的好坏，辅助模具设计师设计出最佳的温度控制系统。在冷却变形分析中，制品的冷却效果对以后注塑过程中调节制品变形、翘曲等注塑问题影响很大，因此汽车注塑模具温度控制系统设计至关重要。在实际设计中，需遵循以下几点原则

　　① 随形冷却水优先原则：定动模尽量随形设计冷却水，水路与胶位面的距离为 20～25mm。塑件部分区域无法钻绕形运水时，可以钻适当的水井进行均匀冷却，水井距胶位面的距离为 20～25mm。

　　② 长短相近原则：冷却水道长短做到大致相等，保证冷却水出入口温差大致相等，从而保证了模温大致均衡。

　　③ 三米原则：冷却水路总长（串联长度）设计不可过长，最好在 1.5～2m 以内。

5.1 冷却系统设计规范

5.1.1 冷却水管位置设计

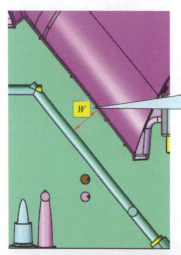

大、中型模具冷却水孔边缘离模腔产品面距离W控制在20～25mm，小型模具冷却水孔边缘离模腔产品面距离W控制在15～20mm，水路与模腔表面的距离尽可能保持均匀。

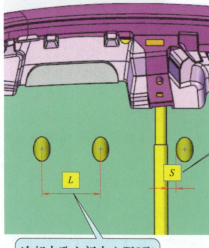

冷却水孔边缘与其他孔槽（比如顶杆孔）的距离S，大中型模具（≥1000mm）最少要有8mm，小型模具（<1000mm)最少要有5mm。

冷却水孔之间中心距L取冷却水孔直径的5～7倍。

图5.1　冷却水管位置设计

5.1.2 水路连接要求

冷却通道相交在一起时,其中一条长出,另一条与其相接。

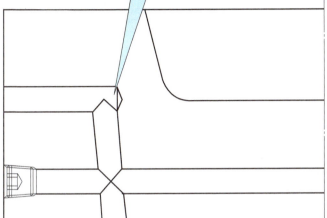

(a)

用斜孔连接两支水路时,为避免深孔钻加工时断刀,斜孔交叉角度≥35°。

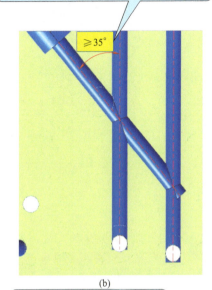

(b)

所有水路孔侧边死水长度 (X_1, X_2, X_3, Y_1, Y_2)>100mm 时,都需加膨胀堵头。

(c)

图 5.2 水路连接要求

5.1.3 热流道热射嘴冷却水设计

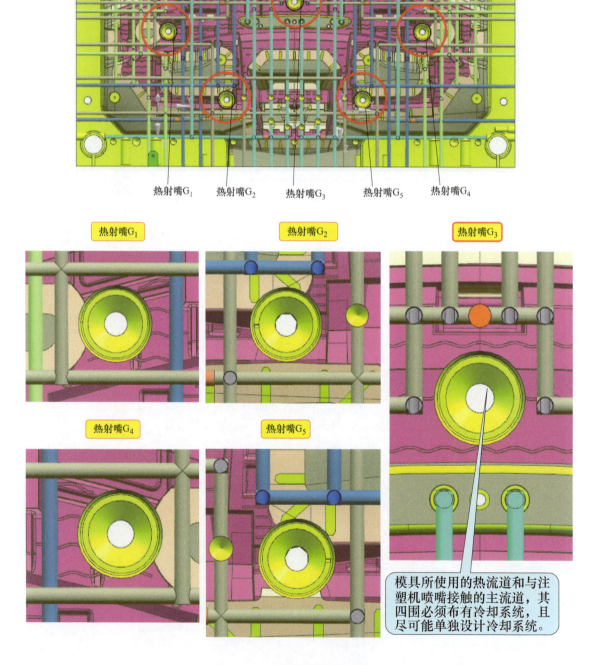

图 5.3　热流道热射嘴冷却水设计

5.1.4 单个循环水路与单个水孔长度标准

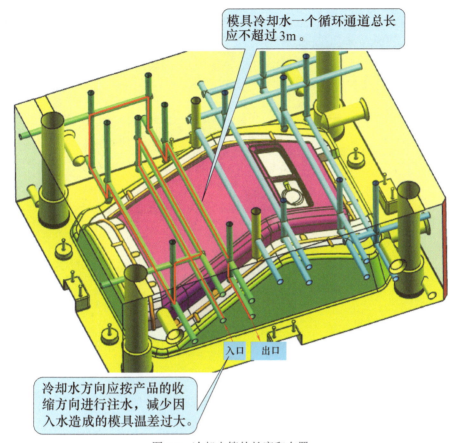

图 5.4 冷却水管的长度和布置

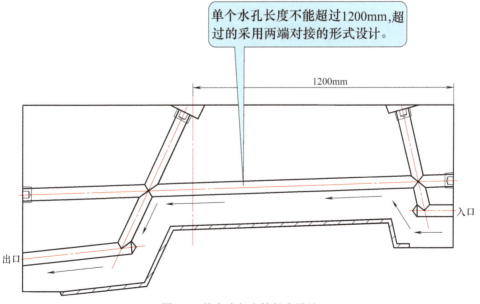

图 5.5 单个冷却水管长度设计

5.1.5 水嘴与集水器设计

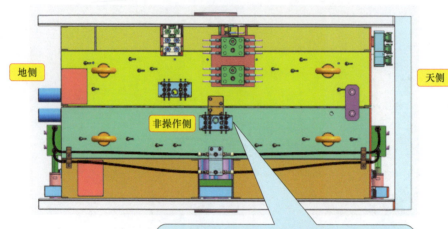

冷却水进出水接口优先设置在非操作侧,集水器等设置在模具非操作侧或地侧的位置,水嘴、堵头、水塞、水隔片以及集水器等零部件要根据客户的要求进行选择。

(a)

天侧如有滑块接出水嘴,则模板上必须加溢水槽,溢水槽宽10mm,深3mm。

(b)

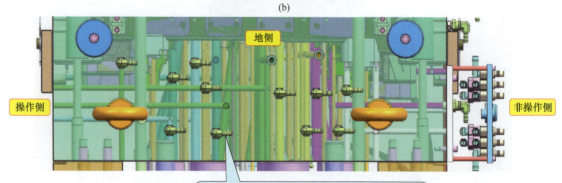

考虑到模具的美观,尽可能将水路的进出口水嘴排成整排,排布时必须考虑吊环转动及水嘴之间的旋转间距。

(c)

图 5.6 水嘴及集水器设计

5.1.6 水孔位置设计

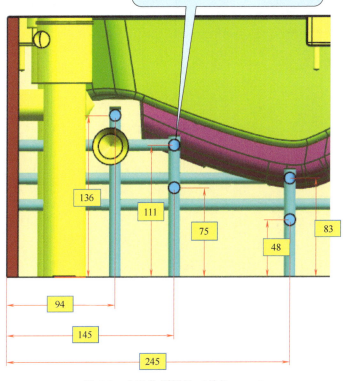

冷却水孔的设计坐标与模具的基准角相对距离取整数，尽量避免设计双角度水孔。

图 5.7　水孔位置设计（单位：mm）

5.1.7 镶拼式模具水路设计要求

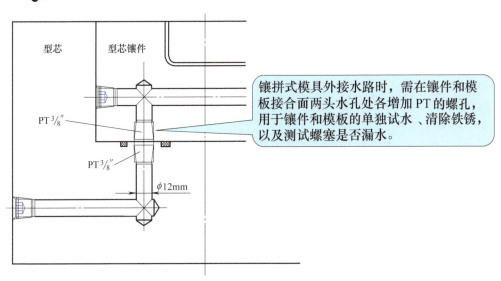

镶拼式模具外接水路时，需在镶件和模板接合面两头水孔处各增加 PT 的螺孔，用于镶件和模板的单独试水、清除铁锈，以及测试螺塞是否漏水。

图 5.8　镶拼式模具水孔设计

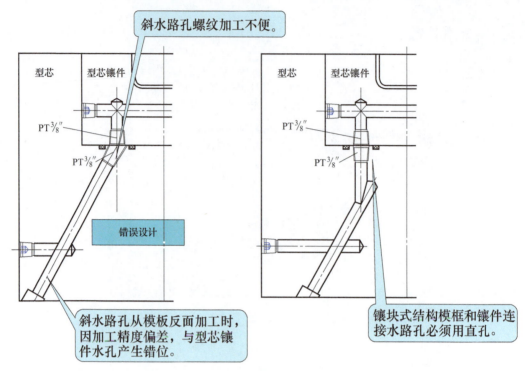

图 5.9　倾斜式水管设计

5.2　冷却水孔形式

5.2.1　直通式

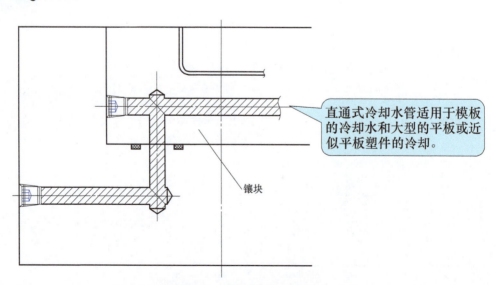

图 5.10　直通式冷却水管设计

5.2.2 倾斜式

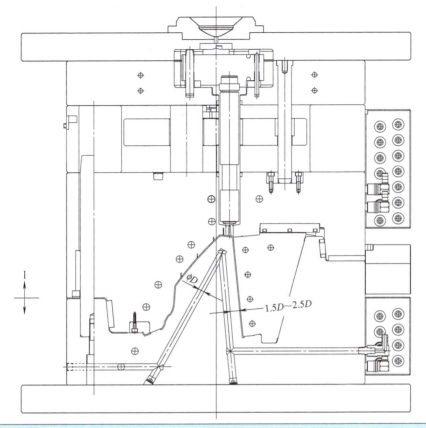

倾斜式冷却水道根据型腔形状布置,但进出水口尽量采用直通式。倾斜式水管与型腔面之间的距离取水管直径的1.5~2.5倍。

(a)

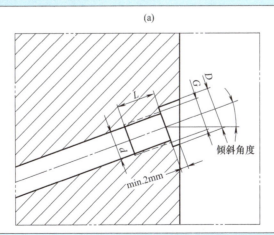

若进出水口不能采用直通式,其倾斜角度也不能超过75°。

(b)

图 5.11 倾斜式冷却水管设计

5.2.3 平面环绕式

平面环绕型冷却水道适用于镶件较薄较浅的零件冷却。

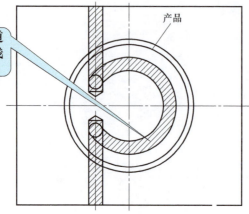
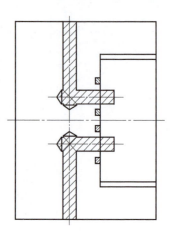

图 5.12　平面环绕式冷却水道设计

5.2.4 螺旋式

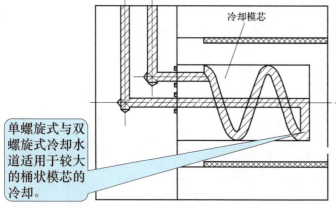
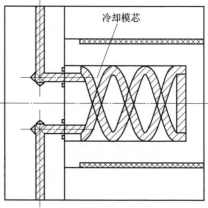

单螺旋式与双螺旋式冷却水道适用于较大的桶状模芯的冷却。

图 5.13　螺旋式冷却水道设计

5.2.5 隔片式

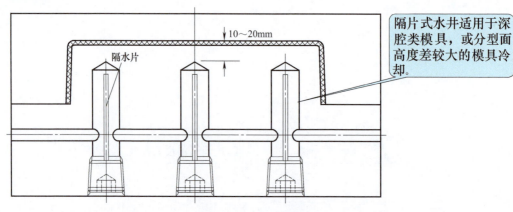

隔片式水井适用于深腔类模具，或分型面高度差较大的模具冷却。

图 5.14　隔片式水井设计

5.2.6 凹模环形连通式

凹模环形连通式冷却水道适用于圆形凹模的冷却。

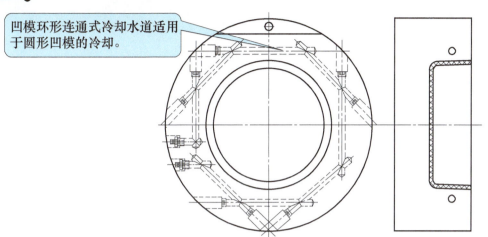

图 5.15 凹模环形连通式冷却水道设计

5.2.7 喷泉式

喷泉式冷却水道适用于细长型芯的冷却。

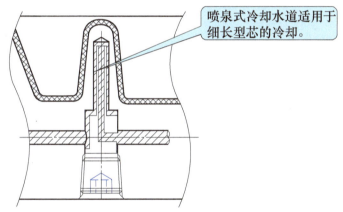

图 5.16 喷泉式冷却水道设计

5.2.8 良导体式

铍青铜镶块

水路

利用热的良导体如铍青铜冷却，一般适用于塔尖式产品的冷却。

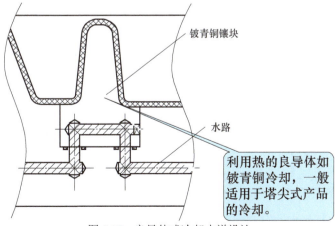

图 5.17 良导体式冷却水道设计

5.3 其他水路设计要求

5.3.1 冷却水孔及水嘴底孔

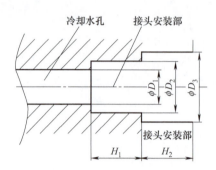

图 5.18 冷却水管接头设计

表 5.1 冷却水孔及水嘴底孔规格

接头规格	ϕD_1/mm	ϕD_2/mm		ϕD_3/mm	H_1/mm	H_2/mm
		PT	PF			
PT$\frac{1}{16}$"	4,6	6.5	6.8	23	12	40
PT$\frac{1}{8}$"	6,8	8.6	8.8	26	15	42
PT$\frac{1}{4}$"	8,10	11.5	11.8	29	16	44
PT$\frac{3}{8}$"	10,12	15	15.3	36	21	46
PT$\frac{1}{2}$"	12,15	18	19	36	24	52
PT$\frac{3}{4}$"	15,20	24	24.5		30	
PT1"	20,25	30.3	30.8		33	
PT1$\frac{1}{4}$"	30	39	39.5		40	
PT1$\frac{1}{2}$"	36	45	45		34	
PT2"	50	56.5	57		38	

5.3.2 翻水孔及螺塞底孔规格

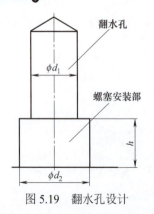

图 5.19 翻水孔设计

表 5.2 翻水孔及螺塞底孔规格

螺塞规格	ϕd_1/mm	ϕd_2/mm		h/mm	水孔直径/mm
		PT	PT		
PT$\frac{1}{4}$"	11.5	11.5	11.8	16	6,8
PT$\frac{3}{8}$"	15	15	15.3	21	10
PT$\frac{1}{2}$"	18	18	19	24	12
PT$\frac{3}{4}$"	24	24	24.5		15
PT1"	30	30.3	30.8		

5.3.3 集水器

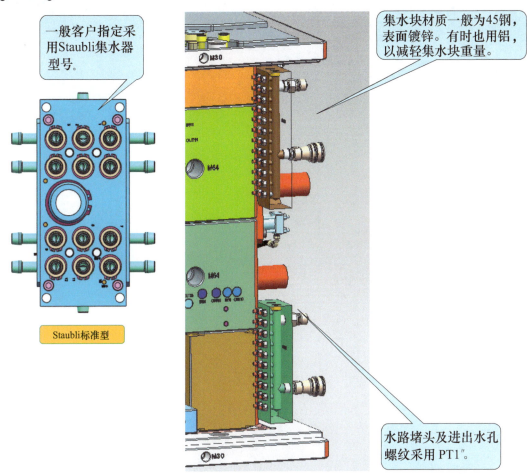

一般客户指定采用Staubli集水器型号。

Staubli标准型

集水块材质一般为45钢，表面镀锌。有时也用铝，以减轻集水块重量。

水路堵头及进出水孔螺纹采用PT1″。

一般集水器安装在模具的非操作侧靠近地侧的位置，定模、动模进出水单独集成，一般符合客户指定注塑机要求。

图 5.20　集水器设计

5.3.4 门板喇叭孔镶块水路要求

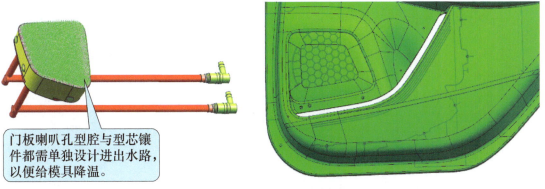

门板喇叭孔型腔与型芯镶件都需单独设计进出水路，以便给模具降温。

图 5.21　门板喇叭孔镶块水路设计

5.4 冷却系统设计一般标准

5.4.1 冷却水道位置设计

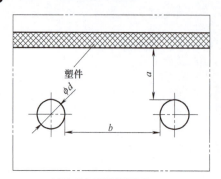

(a) 冷却水管的排列关系
$2d \leqslant a \leqslant 3d$
$3d \leqslant b \leqslant 4d$

(b) 冷却水管在分型面的距离
$1.5d \leqslant a \leqslant 2.5d$
$d=15\sim20$mm

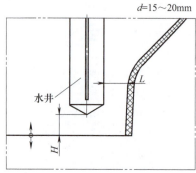

(c) 水井在分型面的距离
$10\text{mm} \leqslant L \leqslant 20\text{mm}$
$H=15\sim20$mm

图 5.22　冷却水道位置设计

5.4.2 水井与相对应水管尺寸设计标准

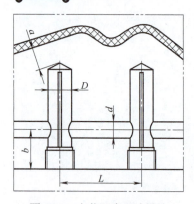

图 5.23　水井深度尺寸设计

表 5.3　水孔和水井直径对照　　　mm

水孔直径 d	水井直径 D
$\phi 6$	$\phi 10$
$\phi 8$	$\phi 12$
$\phi 10$	$\phi 15$
$\phi 12$	$\phi 19$
$\phi 15$	$\phi 24$
$\phi 19$	$\phi 30$

注：$a \leqslant (1\sim1.5)D$；
$L=(2.5\sim3)D$；
b 尽可能做大，可以减短冷却水流程。

5.4.3 冷却水嘴钻孔设计

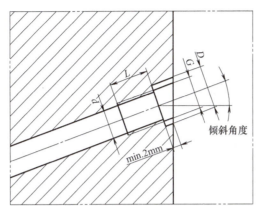

图 5.24 冷却水嘴钻孔设计

表 5.4 冷却水嘴尺寸

序号	喉牙 G	喉牙深度 L/mm	水孔直径 d/mm	沉孔直径 D/mm	底/mm PT	底/mm NPT	底/mm BSP
1	$\frac{1}{8}"$	12	$\phi4, \phi6, \phi8$	$\phi12$	$\phi8.6$	$\phi8.6$	$\phi8.8$
2	$\frac{1}{4}"$	15	$\phi10, \phi12$	$\phi16$	$\phi11.5$	$\phi11.8$	$\phi11.0$
3	$\frac{3}{8}"$	15	$\phi15$	$\phi20$	$\phi15$	$\phi15.2$	$\phi14.5$
4	$\frac{1}{2}"$	20	$\phi19$	$\phi25$	$\phi18.5$	$\phi19$	$\phi18$
5	$\frac{3}{4}"$	22	$\phi24$	$\phi32$	$\phi24$	$\phi24.5$	$\phi23$
6	$1"$	25	$\phi30$	$\phi40$	$\phi30.2$	$\phi30.7$	$\phi29$
7	$1\frac{1}{4}"$						
8	$1\frac{1}{2}"$						
9	$1\frac{3}{4}"$				39	$\phi39.5$	$\phi38$
10	$2"$						

注：当倾斜角度≥15°时一定要设计沉孔，以利于喉牙的加工。

从胶位正表面钻冷却水孔的设计见图 5.25，这种冷却水孔做法只适合用于动模。

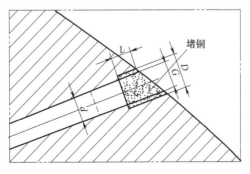

图 5.25 冷却水管堵头设计

表 5.5 堵头直径和水管直径尺寸

水孔直径 d/mm	喉牙 G	沉孔直径 D/mm	堵铜深度 L/mm
$\phi 8$	$1/8''$	$\phi 12$	6～10
$\phi 10$	$1/4''$	$\phi 15$	8～12
$\phi 12$	$1/4''$	$\phi 15$	8～12
$\phi 15$	$3/8''$	$\phi 20$	10～14
$\phi 19$	$1/2''$	$\phi 25$	12～16

注：$a \leq (1 \sim 1.5)D$；
$L=(2.5 \sim 3)D$；
b 尽可能做大，可以缩短冷却水流程。

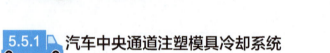

5.5 汽车注塑模具冷却系统设计实例

5.5.1 汽车中央通道注塑模具冷却系统

温度控制系统采用"直通式水管＋水井"的组合形式，详见图 5.26。其中定模侧设计了 18 组水路，动模侧设计了 4 组水路，动模每组水路的拐弯次数都控制在 4 次以内，冷却水道长短大致相等。同时冷却水管之间的距离在 50～60mm 之间，冷却水管到型腔表面之间的距离在 20～25mm 之间。水管直径均为 $\phi 12$mm，水井直径均为 $\phi 20$mm，数量共 42 个。

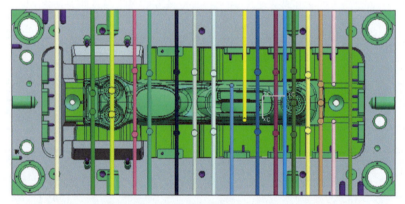

(a) 定模冷却系统

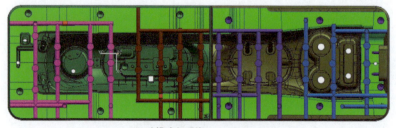

(b) 动模冷却系统

图 5.26 汽车中央通道主体模具冷却系统

5.5.2 汽车衣帽架注塑模具冷却系统

定模设计了 8 组冷却水路，动模设计了 10 组冷却水路，每组冷却水路均采用"直通式水管+倾斜式水管+隔片式水井"的组合形式，且冷却水路与熔体流动方向相同，冷却水路冷却均匀充分，如图 5.27 所示。

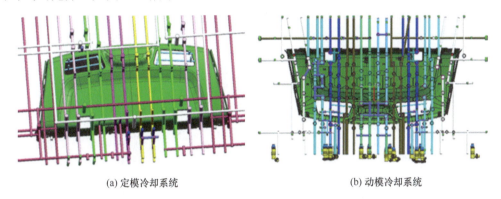

(a) 定模冷却系统　　　　　　　　　(b) 动模冷却系统

图 5.27　衣帽架注塑模具冷却系统

5.5.3 汽车中央通道储物盒注塑模具冷却系统

动模和定模各采用了 4 组"直通式水管+倾斜式水管"组合式冷却水路，即优先采用垂直于模具侧面的水管，其次是倾斜式水管，所有水管尽量沿型腔面均衡布置。这种组合形式在汽车注塑模具中广泛采用，其优点是塑件冷却均匀，成型周期短，成型质量高，适用于高要求与外观性能要求高的模具。缺点是倾斜式水管加工较为麻烦。本模具定、动模冷却水路都尽量设计成十字相交的叉网格形式，冷却水流动方向也尽量做到与熔体流动方向一致。为了防止塑件浇口反面出现收缩凹痕，在定模镶件与热射嘴配合的区域还单独设计了一组冷却水回路，详见图 5.28。

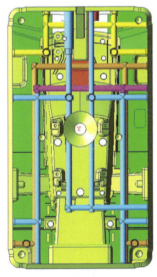 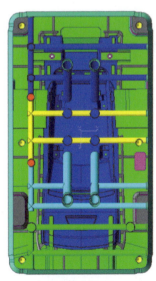

(a) 定模冷却系统　　　　　　　　　(b) 动模冷却系统

图 5.28　储物盒注塑模具冷却系统

5.5.4 汽车后保险杠注塑模具冷却系统

后保险杠注塑模具温度控制系统采用了"垂直式水管 + 倾斜式水管 + 隔片式水井"联合冷却方式,即优先采用水管,其次是水井。其中,定模采用了 8 组水路,动模采用了 6 组水路,详见图 5.29。冷却充分,模温平衡,有效保证了模具的成型周期与产品质量。

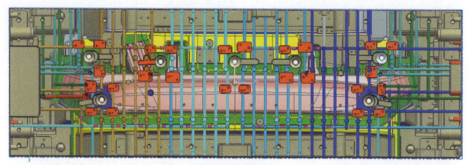

(a) 定模8组冷却水路

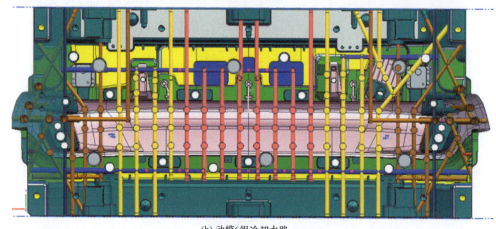

(b) 动模6组冷却水路

图 5.29 后保险杠注塑模具冷却系统

5.5.5 汽车手套箱冷却系统

手套箱外形落差大,模具的温度控制系统采用了"垂直式水管 + 倾斜式水管 + 隔片式水井"的组合形式(见图 5.30)。垂直式水管与模具外表面的其中一个面垂直,而倾斜式水管则与模具外表面的任何一个面都不垂直。这种组合形式是优先采用垂直式水管,其次是倾斜式水管,万不得已才采用隔片式水井。其优点是塑件冷却均匀,成型周期短,成型质量高,适用于高要求与外观性能要求高的模具。

5.5.6 汽车门板注塑模具冷却系统

定、动模都设计了 7 组水路,定动模都是 7 进 7 出,如图 5.31 所示。模具冷却水路设计做到了与料流方向一致,优先采用了"垂直式水管 + 倾斜式水管 + 隔片式水井"的随塑件形状的设计形式,进出水距离做到了水路长度大致相等。

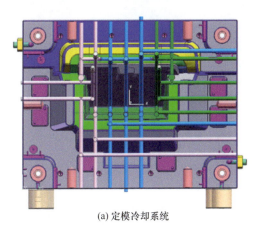
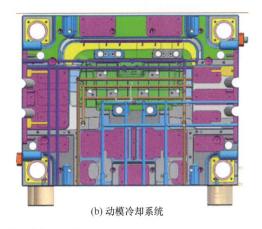

(a) 定模冷却系统　　　　　　　　　　　　(b) 动模冷却系统

图 5.30　手套箱注塑模温度控制系统

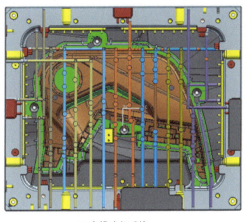
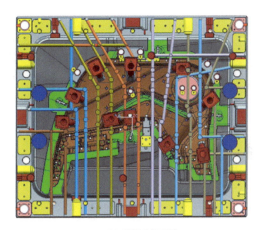

(a) 定模冷却系统　　　　　　　　　　　　(b) 动模冷却系统

图 5.31　门板注塑模具冷却系统

5.5.7　汽车前大灯灯壳冷却系统

模具的温度控制系统采用了"垂直式水管+隔片式水井+倾斜式水管"的组合形式，见图 5.32。其中动、定模各设计了 3 组冷却水，定模冷却水井 52 个，动模冷却水井 45 个。

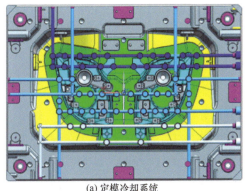
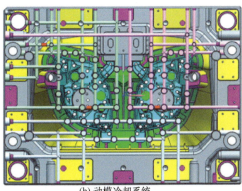

(a) 定模冷却系统　　　　　　　　　　　　(b) 动模冷却系统

图 5.32　汽车前大灯灯壳冷却系统

5.5.8 汽车前大灯装饰框注射模具冷却系统

模具采用了"垂直式水管+倾斜式水管+隔片式水井"的组合形式，冷却水路布置见图 5.33。其中定模设计了 6 组冷却水路，6 进 6 出；动模设计了 4 组水路，4 进 4 出。水路统一从非操作侧进出，各组水路进出水距离做到了大致相等，成型塑件得到了良好的冷却效果与外观质量。

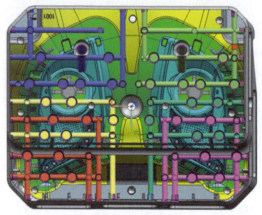
(a) 定模冷却系统图

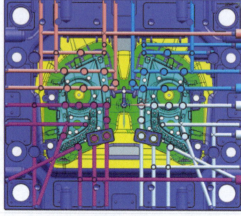
(b) 动模冷却系统图

图 5.33 汽车前大灯装饰框注射模具冷却系统

第6章

模架及顶出系统设计

　　大中型汽车注塑模具大多采用非标模架，结构和尺寸都有其特殊性。对于大中型汽车塑件，模具顶出系统（又名脱模系统）非常重要，由于脱模力较大，推件常常采用液压油缸驱动，油缸数量2～4个，塑件推出平稳可靠。大中型汽车注塑模具的推件的复位弹簧通常采用弹力大、压缩行程长的长寿命氮气弹簧。

6.1　模架要求

6.1.1　模具大小分类标准

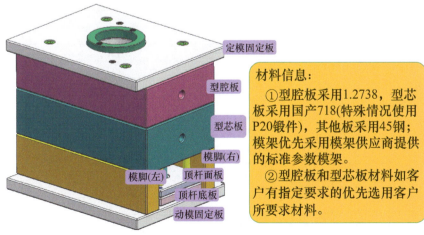

材料信息：
　①型腔板采用1.2738，型芯板采用国产718（特殊情况使用P20锻件），其他板采用45钢；模架优先采用模架供应商提供的标准参数模架。
　②型腔板和型芯板材料如客户有指定要求的优先选用客户所要求材料。

图6.1　模架及其常用材料

123

6.1.2 模架材质和硬度

表 6.1 模架材质和硬度

材质	硬度	备注
45 钢 /S45C/50 钢 /S50C	12～15HRC	非锻件 50 钢等同于 45 钢
50 钢 /S50C/50 钢锻件 /S50C 锻件	26～28HRC	含产品板或米尔特模脚
55 钢 S55C/ 进口 S55C	28～32HRC	
718/(预硬)718H/ 国产 718H	29～33HRC	
(预硬)SW718H	29～33HRC	
SW718HH	32～35HRC	
P20/ 国产 P20/ 上钢五厂 P20(SWP20)/ 预硬 P20	28～32HRC	米尔特 1.2311 等同于 P20
1.2738/ 进口 2738/1.2738H	29～32HRC	瑞好 1.2311 等同于 1.2738
1.2738HH/ 进口 2738HH	32～36HRC	
葛利慈 XPM/ 布德鲁斯 BPM-HH(客户特殊要求)	36～40HRC	性能相同，厂家不一样
1.2312	28～32HRC	
1.173	26～28HRC	
1.2711	35～38HRC	
国产 H13	45HRC	
国产铝 / 铝 7050/ 铝 6061/ 木模		待定

注：布德鲁斯 BPM-HH 为传统 2738 经布德鲁斯改良后的新一代预硬塑胶模具钢，一般没有客户特殊要求的布德鲁斯 2738 硬度为 29～32HRC。

6.1.3 模具大小与顶针板厚度尺寸

表 6.2 模具大小与顶针板厚度尺寸　　　　　　　　　　　　　　　　mm

AB 板宽度	AB 板长度	两块顶板最小厚度		单块顶板最小厚度	动定模固定板最小厚度
		顶针面板	顶针底板		
200～290	200～490	15	20	30	25
	500～1000	20	30	40	35
300～390	300～890	20	30	40	35
	900～1200	25	40	50	40
400～490	400～690	25	30	40	35
	700～1500	25	40	50	40
500～590	500～1190	25	40	50	40
	1200～2000	30	50	60	50
600～690	600～990	25	40	50	40
	1000～1590	35	50	60	50
	1600～2200	40	60	80	60
700～790	700～1390	35	50	60	50
	1400～2000	40	60	80	60
800～990	800～1190	35	50	80	50
	1200～1590	40	60	90	60
	1600～2200	40	60	100	70
1000～1190	1000～1390	40	60	90	70
	1400～1990	40	70	100	70
	2000～2500	40, 60	80	110	80

续表

AB 板宽度	AB 板长度	两块顶板最小厚度		单块顶板最小厚度	动定模固定板最小厚度
		顶针面板	顶针底板		
1200 以上	1200～1790	40	70	100	70
	1800～2500	40，60	80	110	80

注：1. 选择规格时，按照模具实际尺寸四舍五入的方法选取最接近的表中规格。
2. 有提前或延时顶出，或者因为斜顶直顶较多导致的切除部分较多时，顶针挡板需要适当加厚。
3. 所有模具设计优先使用一块顶针板，当顶针分布较散时，超过 15 支顶杆采用两块顶板结构。
4. 国外模具且结构较多时，顶针底板厚度≤40mm 时，材质采用 P20 调质。
5. 超大型模具如保险杠，要根据具体情况再定。

6.2 顶出系统

6.2.1 复位杆及垃圾钉

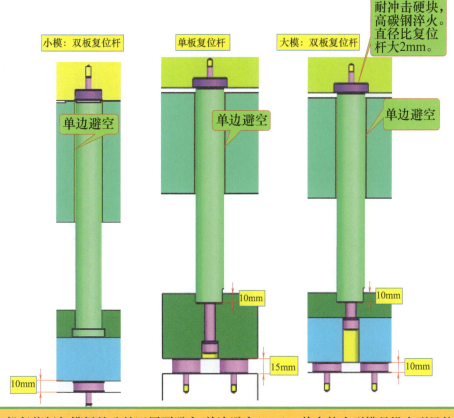

① 一般复位杆与模板的孔的四周要避空（单边避空1mm），其中特小型模具没有副导柱的复位杆不能避空，所有复位杆底部都要有垃圾钉，复位杆底部用螺钉的垃圾钉放在螺钉两侧。

② 每个模具至少有4支复位杆，模具长度超过1200mm的做6支，中间2支置于中心偏距的位置防止旋转安装；特小型模具不使用复位杆垫片。

图 6.2　复位杆及垃圾钉设计

6.2.2 副导柱和副导套

副导柱和副导套是推件固定板的导柱、导套,是顶出零件的导向零件。

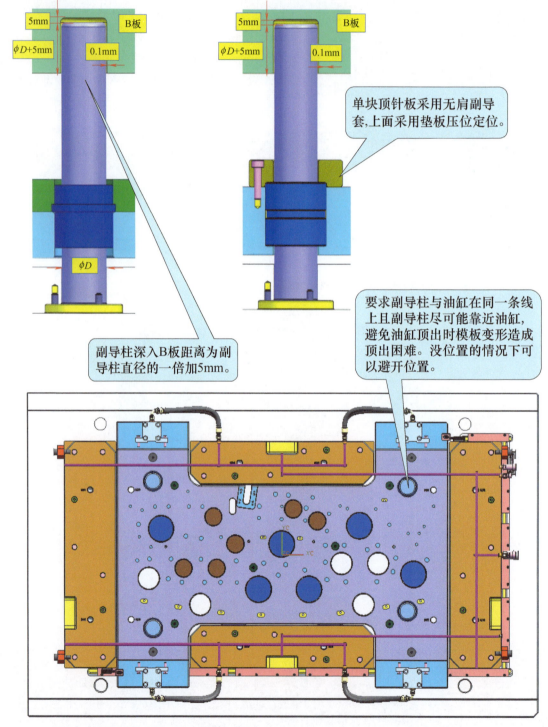

注:副导柱导套即顶针板导柱导套 EGP 和 EGB。

图 6.3 副导柱和副导套设计

6.2.3 导柱复位杆、副导柱选用

表 6.3 导柱复位杆、副导柱选用标准　　　　　　mm

AB 板宽度	AB 板长度	导柱	复位杆	副导柱
400～490	400～790	φ35	φ25	φ30
	800～1390	φ40	φ25	φ30
	1400～2000	φ50	φ30	φ40
500～590	500～690	φ35	φ25	φ30
	700～1290	φ40	φ25	φ30
	1300～2000	φ50	φ30	φ40
600～690	600～990	φ40	φ25	φ30
	1000～1590	φ50	φ30	φ40
	1600～2200	φ60	φ35	φ50
700～790	700～1390	φ50	φ30	φ40
	1400～2000	φ60	φ35	φ50
800～990	800～1190	φ50	φ30	φ40
	1200～1590	φ60	φ35	φ50
	1600～2200	φ70	φ35	φ60
1000～1190	1000～1390	φ60	φ35	φ50
	1400～1990	φ70	φ35	φ60
	2000～2500	φ80	φ35	φ70
1200 以上	1200～1790	φ70	φ35	φ60
	1800～2500	φ80	φ35	φ70

6.2.4 地侧耐磨板辅助支撑形式

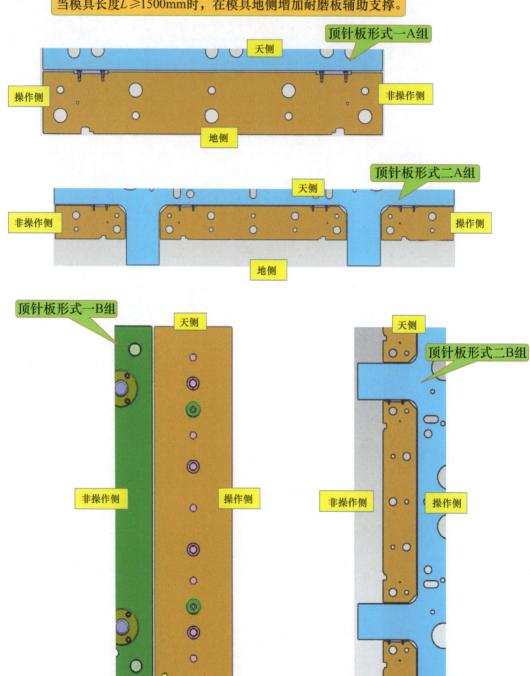

图 6.4　耐磨板及支撑柱设计

6.2.5 支撑柱标准及规格尺寸

支撑柱可简称撑柱,安装在动模侧的方铁中间,作用是提高模具的刚性。支撑柱的高度应比方铁高 0.1～0.2mm,或等高。

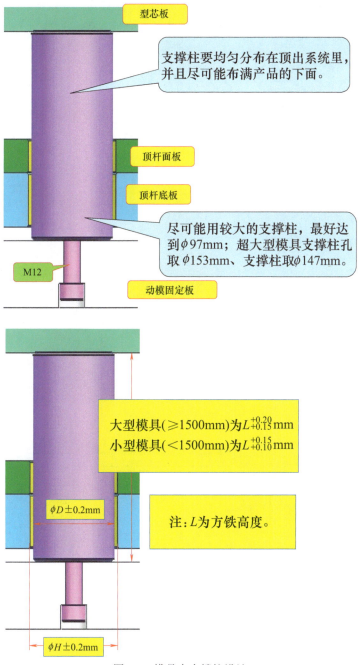

图 6.5　模具内支撑柱设计

表 6.4　支撑柱规格尺寸　　　　　　　　　　　　　　　　　　　　mm

支撑柱孔 ϕH	58	81	103	123	153
支撑柱 ϕD	52	75	97	117	147

129

6.2.6 模架外侧保护柱设计

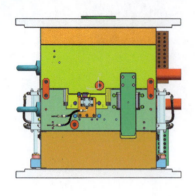
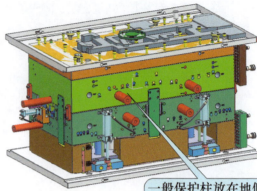

一般保护柱放在地侧,当复板外形为模具最大尺寸时,仅需在型腔型芯上各增加两支保护柱。

所有零件在天侧、操作侧和反操作侧都不能超出模具固定板。

15mm

模脚沉入模板15mm。

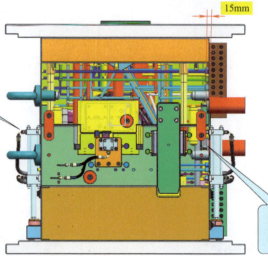

当其他零件超出模具固定板最大外形时,需要增加8支保护柱,保证动、定模能独立支撑。

图 6.6 模架外侧保护柱设计

6.2.7 推杆、推管头部限位及防转

推杆又叫顶针,推管又叫司筒,是模具常用的顶出零件。

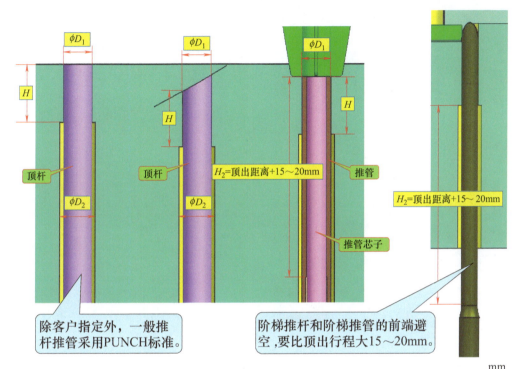

ϕD_1	1	1.5	2	3	4	5	6	8	10	12	16	20
ϕD_2	3	3	4	5	6	7	8	10	12	14	18	22
H	13±3						23±3				30±5	

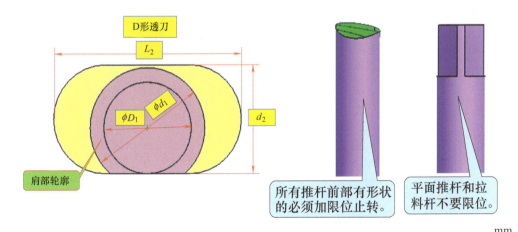

ϕD_1	1	1.5	2	3	4	5	6	7	8	10	12	16	20	25
ϕd_1	3	3	4	6	8	9	10	11	13	15	17	21	25	30
L_2	6.5	7	8	11.5	15	16	18	20	23	26.5	28	34.5	40	46.5
d_2	2.5	3	3.5	5	6.5	7.5	8.5	9.5	11	13	15	19	23	28

图 6.7 推杆及推管的设计

6.2.8 推杆位置

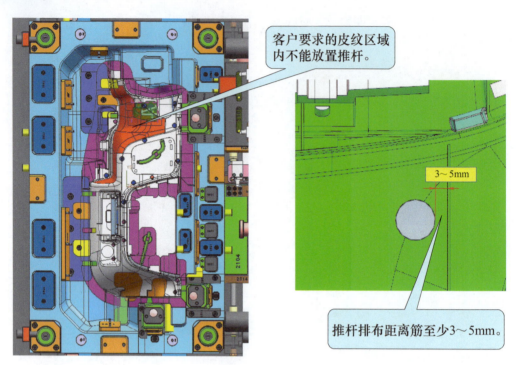

图 6.8 推杆位置

客户要求的皮纹区域内不能放置推杆。

推杆排布距离筋至少3~5mm。

6.2.9 顶出限位块

所有模具都必须有顶出限位块，通常直径为 $\phi 28mm$ 和 $\phi 38mm$，用M8的内六角螺钉固定在顶针板上，限位块要尽可能靠近或装在液压顶杆的两侧或机械顶出孔的轴心上。如果顶针板长于1300mm，应另加两个限位块，但要置于模具的中心线上。

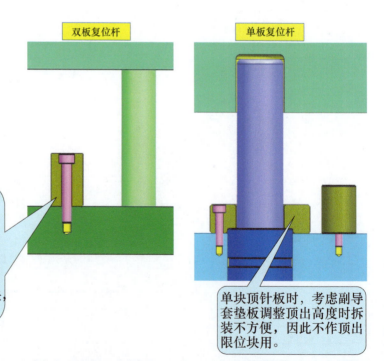

双板复位杆

单板复位杆

单块顶针板时，考虑副导套垫板调整顶出高度时拆装不方便，因此不作顶出限位块用。

图 6.9 顶出限位块设计

6.2.10 推杆设计一般规范

推杆是脱模机构中最常见的一种零件。由于推杆加工简单，安装方便，维修容易，所以是使用最为广泛的顶出形式。但由于它的顶出面积较小，设计不合理会导致产品顶穿或者产品表面顶白。特别是箱体类零件，加强筋较多较深零件，PP、PE材料零件应该增加推杆的数量，增大与产品接触的顶出面积。

（1）推杆位置设计

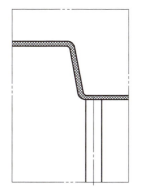

(a) 推杆最好的位置是靠近侧壁的底部

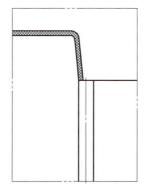

(b) 如侧壁底部没胶位，对于产品侧壁较高的可以布置到分型面上，由于此类顶针直接和型腔接触，容易损坏型腔，尽量不用

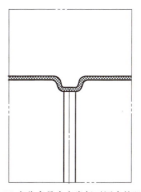

(c) 有些产品也有类似于图中的凹槽，在这些凹槽中布置顶针也是一种很好的选择

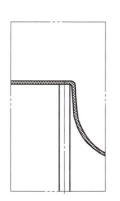

(d) 对于一些箱型或筒状产品，必须在产品顶部布置顶针的情况下，可以考虑顶针顶在上方，但顶针分布密度要适当增加

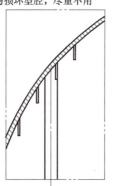

(e) 对于筋位比较密集的产品，如果做顶块、方顶针成本太高，可以考虑把顶针布到筋位上，但一般情况下尽量不用，因为顶针孔碰加强筋处有利角，容易有飞边

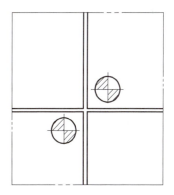

(f) 对于一些加强筋纵横交叉的产品，必须考虑到顶出平衡，加强筋两边受力一定要均匀

图 6.10　推杆位置设计

（2）推杆的种类

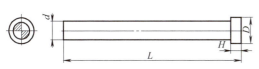

(a) 圆推杆，圆推杆加工最简单，成本最低，优先使用

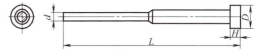

(b) 双节推杆，当 $L \geqslant 350$mm 并且 $d \leqslant 5$mm 时，必须使用双节推杆

图 6.11

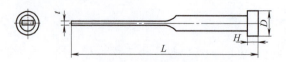

(c)扁推杆，一般在狭小的加强筋底部应用，由于这类推杆孔加工困难，尽可能少使用

图 6.11 推杆的种类

（3）推杆的技术要求

由于推杆在世界各地有不同的标准，客户的要求也不相同，所以在设计时必须按客户所要求的标准设计。推杆的安装加工参数必须按推杆配件厂的要求设计加工。

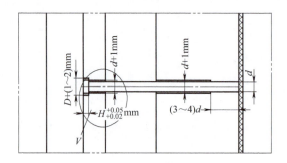

推杆使用分类

常用推杆品牌	常用的客户
Hasco/FIBRO	欧洲客户/Faurecia/SERMO
DME	北美客户/GPM/Faurecia
盘起	上海伟仕通/东阳
大同标准	适合国内一般的客户

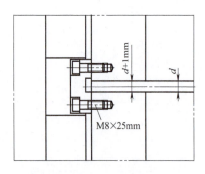

V处结构类型2，适合于只有一块推杆板的结构，$d \geq \phi 12mm$的推杆一定要2个M8螺钉。

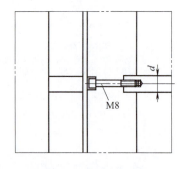

V处结构类型3,适合于只有一块推杆板的结构，$d > \phi 16mm$的推杆可以直接固定在顶针板上。

推杆的固定方式

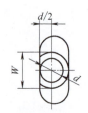

V处的防转定位方式，W为防转定位面的长度，尺寸等于推杆杯头的直径。

图 6.12 推杆的技术要求

6.3 直顶块设计

6.3.1 直顶块设计要求

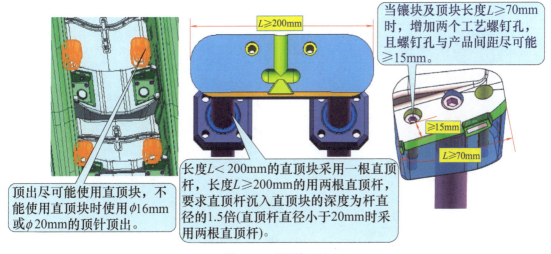

图 6.13 直顶块设计

当镶块及顶块长度 $L \geq 70mm$ 时，增加两个工艺螺钉孔，且螺钉孔与产品间距尽可能 $\geq 15mm$。

长度 $L < 200mm$ 的直顶块采用一根直顶杆，长度 $L \geq 200mm$ 的用两根直顶杆，要求直顶杆沉入直顶块的深度为杆直径的1.5倍（直顶杆直径小于20mm时采用两根直顶杆）。

顶出尽可能使用直顶块，不能使用直顶块时使用 $\phi 16mm$ 或 $\phi 20mm$ 的顶针顶出。

6.3.2 直顶块安装形式

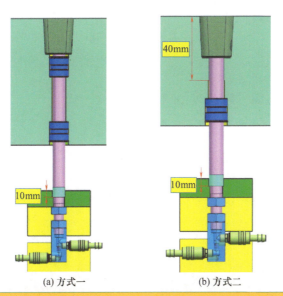

(a) 方式一   (b) 方式二

直顶块够大时优先选用方式一，导套从正反两面安装；当直顶块较小时采用方式二，直顶块下40mm直顶杆与模板配合,型芯底部直顶杆与导套配合。

图 6.14 直顶块的安装形式

6.3.3 直顶杆结构形式

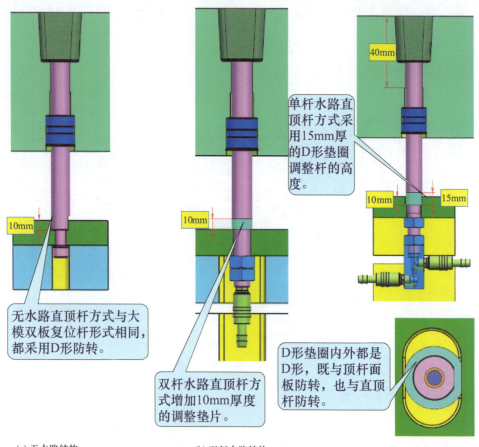

(a) 无水路结构　　(b) 双杆水路结构　　(c) 单杆水路结构

图 6.15　直顶杆结构形式

6.3.4 直顶块工艺螺钉排布规则

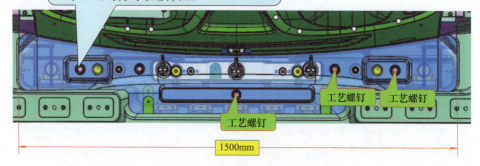

图 6.16　直顶块工艺螺孔排布规则

6.3.5 推块设计规范

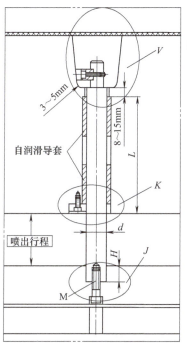

(a) 单方向钻导套孔结构

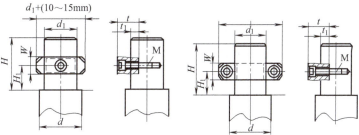

V处推块头连接类型1   V处推块头连接类型2

推块头尺寸　　　　　　　　　　　　　　　　mm

d	d_1	H	i	W	t	H_1	t_1	M
$\phi25$	20	35	50	16	20	18	7	M6
$\phi30$	25	35	50	16	20	18	7	M6
$\phi35$	30	50	60	16	20	23	9	M6
$\phi40$	30	50	60	16	20	23	9	M6
$\phi50$	40	70	80	25	25	35	12	M8
$\phi60$	45	70	80	25	25	35	12	M8

当推块/斜顶推出200mm时，斜顶/推块杆单杆所能承受的质量

直径/mm	$\phi25$	$\phi30$	$\phi35$	$\phi40$	$\phi50$	$\phi60$
质量/kg	≤10	10～20	20～40	40～70	70～150	≥150

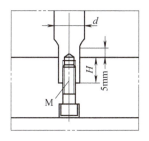

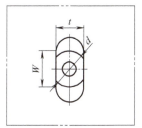

J处定位防转设计类型

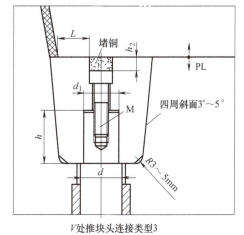

V处推块头连接类型3

d_1按上表数值

图 6.17

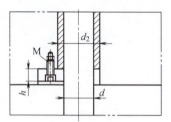
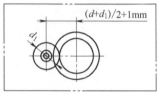
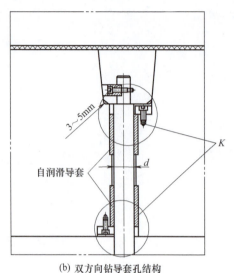

(b) 双方向钻导套孔结构

注：所有推块优先考虑做双杆结构，对于导套孔结构按加工需求设计。

K 处压板结构

$d_1 = \phi 25mm$

$h = 15mm$

当 $d \geqslant \phi 40mm$ 时，M=M8，其余M=M6

当设计压块槽时，单边加大0.1～0.25mm

图 6.17　推块设计规范

6.4　螺钉排布及撬模槽

 推杆板螺钉排布及规格

推杆板螺钉连接推杆固定板和顶针挡板，螺钉要均匀分布在推杆板上，当列向间距超过500mm时，需增加连接螺钉，间距Y取螺钉直径的25～30倍。

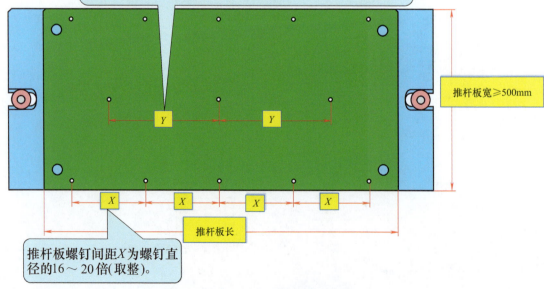

图 6.18　推杆固定板螺钉设计

表 6.5 推杆板长宽与固定螺钉大小对照表   mm

推杆板宽	推杆板长	螺钉
<500	<900	M10
>500	>900	M12
>500	<900	M10
<500	>900	M12
超大型	—	M16

6.4.2 模脚螺钉设计

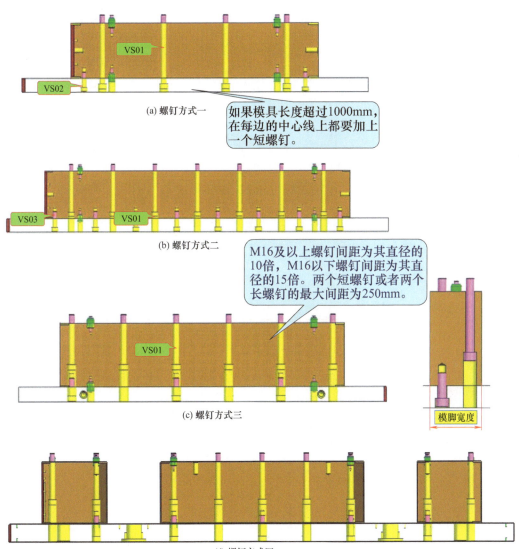

(a) 螺钉方式一

如果模具长度超过1000mm，在每边的中心线上都要加上一个短螺钉。

(b) 螺钉方式二

M16及以上螺钉间距为其直径的10倍，M16以下螺钉间距为其直径的15倍。两个短螺钉或者两个长螺钉的最大间距为250mm。

(c) 螺钉方式三

(d) 螺钉方式四

当模脚宽向≤140mm时采用单排螺钉，且模脚螺钉VS01长度≤200mm时采用方式一，螺钉长度>200mm时采用方式二；方式一螺钉VS02比螺钉VS01小一挡，方式二VS03与VS01直径相同。

当模脚宽向≥140mm且螺钉VS01长度>200mm时采用双排螺钉。
当模具长向<1300mm时采用方式三(单块模脚长短双排螺钉)。
当模具长向≥1300mm时采用方式四(三块模脚长短双排螺钉)。

图 6.19 模脚螺钉设计

6.4.3 撬模槽设计

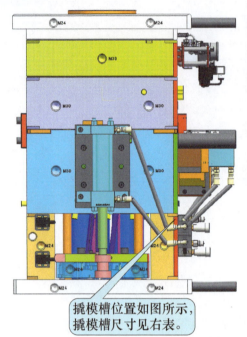

撬模槽位置如图所示，撬模槽尺寸见右表。

撬模槽尺寸　　　　　　　　　　　mm

分类	模具长向L	撬模槽L×L×H
大型模具	L≥1500	40×40×15
中型模具	1000≤L<1500	40×40×15
小型模具	400≤L<1000	30×30×8
特小型模具	L<400	15×15×8

图 6.20　撬模槽设计

6.5　顶出油缸及油路

6.5.1 油缸安装及油缸连接件规格尺寸

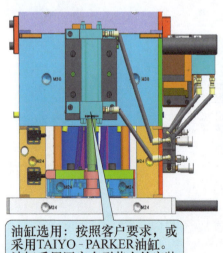

油缸选用：按照客户要求，或采用TAIYO-PARKER油缸。油缸采用固定在型芯上的安装方式。

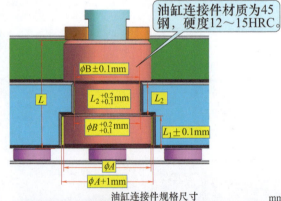

油缸连接件材质为45钢，硬度12～15HRC。

油缸连接件规格尺寸　　　　　　　　　　　mm

油缸缸径	油缸杆螺纹M	φA	φB	L	L_1	L_2
缸径φ40	M20×1.5	55	37	60	20	20
缸径φ50	M24×1.5	55	37	60	20	20
缸径φ63	M30×1.5	70	52	75	25	25
缸径φ80	M39×1.5	70	52	75	25	25

图 6.21　油缸的安装和选用

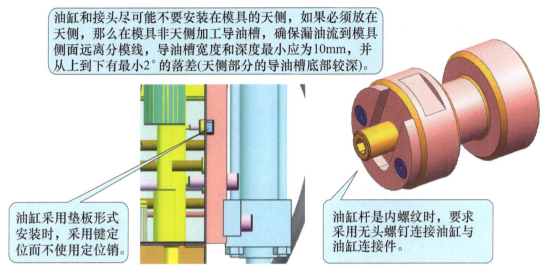

图 6.22　油缸连接件设计

6.5.2　油缸的选用及其相关配件设计

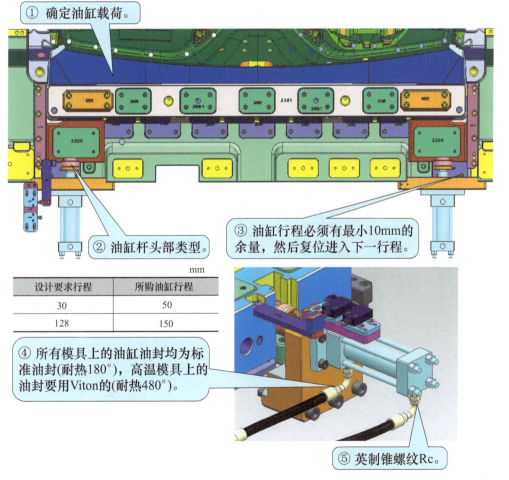

设计要求行程	所购油缸行程
30	50
128	150

(单位：mm)

图 6.23　油缸的选用及其相关配件设计

6.5.3 顶出油缸的布置

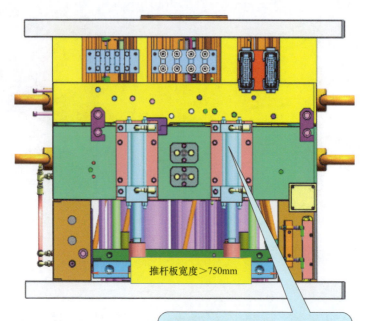

推杆板宽度＞750mm，宽度方向每侧要用两个油缸；优先选用客户提供的油缸品牌。

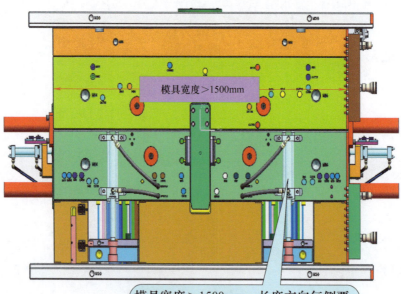

模具宽度＞1500mm，长度方向每侧要用两个油缸，模脚分六块；优先选用客户提供的油缸品牌。

图 6.24　油缸的布置

6.5.4　内接油路连接形式及其要求

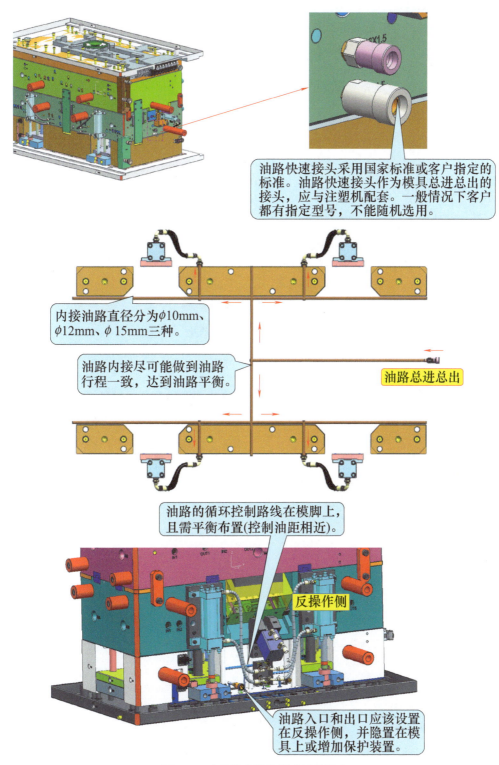

图 6.25　内接油路连接形式及其要求

6.5.5 油缸压力计算

油缸拉力经验计算方法：
重型油缸计算：

$$F_2 = 140 \text{kg/cm}^2 \times S \text{（活塞面积）}$$

例：油缸直径 50mm

半径 =25mm=2.5cm

拉力 $F=140\text{kg/cm}^2 \times (3.14 \times 2.5\text{cm}^2) =140\text{kg} \times 19.625 = 274705\text{kg}$

轻型油缸经验计算方法：

$$\text{推力 } F_1 = A_1 P_1 \beta$$
$$\text{拉力 } F_2 = A_2 P_2 \beta$$

式中　A_1——推侧活塞受压面积，cm^2，$A_1 = \pi/4 D^2 = 0.785 D^2$；

　　　A_2——拉侧活塞受压面积，cm^2，$A_2 = \pi/4 (D^2-d^2) = 0.785 (D^2-d^2)$；

　　　D——油压缸内径，即活塞直径，cm；

　　　d——活塞杆直径，cm；

　　　P_1——推侧作动压力，kgf/cm^2；

　　　P_2——拉侧作动压力，kgf/cm^2；

　　　β——负荷率（惯性力小的场合取 80%，惯性力大的场合取 60%）。

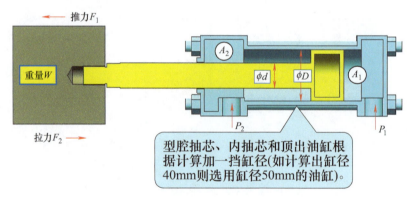

图 6.26　油缸压力计算

6.5.6 油缸长度计算

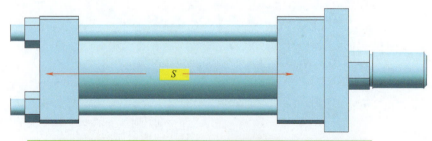

S=(顶出行程+20mm安全余量)+油缸行程(查看标准油缸资料)

图 6.27　油缸长度计算

6.5.7 氮气复位弹簧

氮气复位弹簧主要用于大型汽车注塑模具，弹力大，寿命长，压缩行程长。

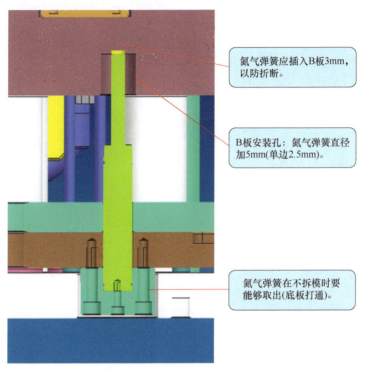

图 6.28　氮气复位弹簧

第 7 章

标准件

在分工细、协作广的现代制造业中，标准化程度的高低是衡量制造水平高低的重要标志。汽车注塑模具虽然都是"私人定制"，但任何一副模具中都会大量采用标准件。这不但可以提高模具的制造速度，降低模具的制造周期，同时也方便模具在生产过程中的维修保养，还能节省设计时间，使设计工程师可以将主要精力用于创造性工作中。与其他产品的注塑模具相比，汽车注塑模具的标准件有一定的特殊性。

7.1 平面调整块规格及分布规则

大中型汽车注塑模具，为减小分型面接触面积，提高模具寿命，常常在 A、B 板之间设计调整块，又叫承压块。分型面承压块的设计准则是根据模具所用注塑机的吨位来选择的。在生产过程中如果分型面承压块太少，会使承压块承受过多的压力，压坏承压块及分型面，导致产品走批锋等不良现象；如果分型面承压块太多，则会造成不必要的浪费。

平面调整块规格及分布规则见图 7.1～图 7.3，分型面承压块设计标准见表 7.1。

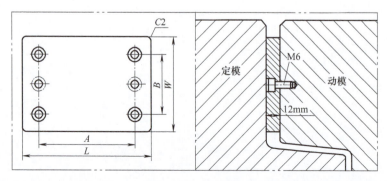

mm

标准代码	材料	标准尺寸			
		W	L	A	B
TDYPA801800	CR12 淬火（不做油槽）	80	180	150	50
TDYPB801200		80	120	90	0
TDYPC808000		80	80	50	0
TDYPD601200		60	120	90	0
TDYPE608000		60	80	50	0
TDYPF408000		40	80	50	0
PDDPA501500		50	150	120	0
PDDPA508000		50	80	50	0
PDDPA401000		40	100	30	0
PDDPA406000		40	60	30	0

图 7.1　平面调整块及其标准尺寸

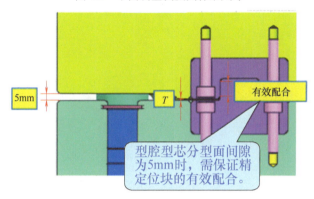

图 7.2　平面调整块及边锁

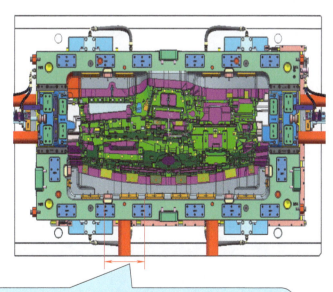

图 7.3　平面调整块的分布

表 7.1 分型面承压块设计标准

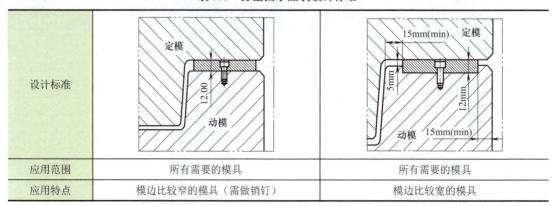

设计标准		
应用范围	所有需要的模具	所有需要的模具
应用特点	模边比较窄的模具（需做销钉）	模边比较宽的模具

7.2 耐磨块设计

斜面定位耐磨块有以下两种设计方式，如果客户有指定则一定要按客户要求设计（包括材料的选择）。若产品中的插穿斜度都大于等于5°，那么取消精定位，把斜面定位耐磨块的斜度更改成4°。

（1）斜面定位耐磨块的标准件应用形式一（见图7.4）

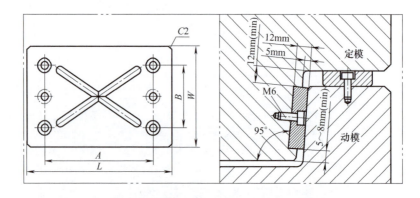

mm

标准代码		TDYPA801800	TDYPB801200	TDYPC808000	TDYPD601200	TDYPE608000	TDYPF408000
材料		CR12 淬火	CR12 淬火	CR12 淬火	CR12 淬火	CR12 淬火	CR12 淬火
标准尺寸	W	80	80	80	60	60	40
	L	180	120	80	120	80	80
	A	150	90	50	90	50	50
	B	50	0	0	0	0	0

图 7.4 斜面定位耐磨块的标准件应用形式（一）

（2）斜面定位耐磨块的标准件应用形式二（见图7.5）

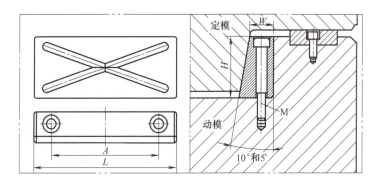

标准代码		TDZYA301200	TDZYB308000	TDZYC401200	TDZYD501500	TDZYE601500
材料		638氮化	638氮化	638氮化	638氮化	638氮化
标准尺寸	W	20	20	20	25	25
	L	120	80	120	150	150
	A	90	50	90	110	110
	H	30	30	40	50	60
	W	M8	M8	M8	M10	M10

图 7.5　斜面定位耐磨块的标准件应用形式（二）

 ## 7.3　耐磨板排布规则及其标准尺寸

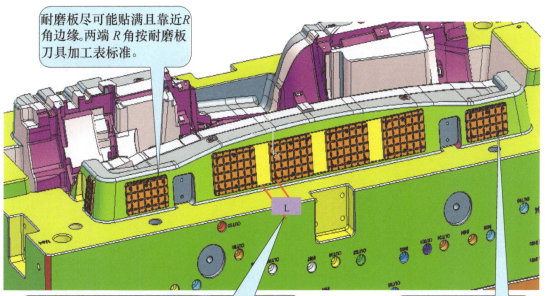

图 7.6

耐模板刀具加工尺寸		mm
耐磨板宽度	刀具直径	侧边 R 角
25	16	12.5
30	25	15
40	25	20
50	35	25
60	50	30
80	63	35
100	63	35
120	63	35

模具侧面耐磨板要求沉入模具5mm。

图 7.6　耐磨板及其标准尺寸

7.4　推管装配形式

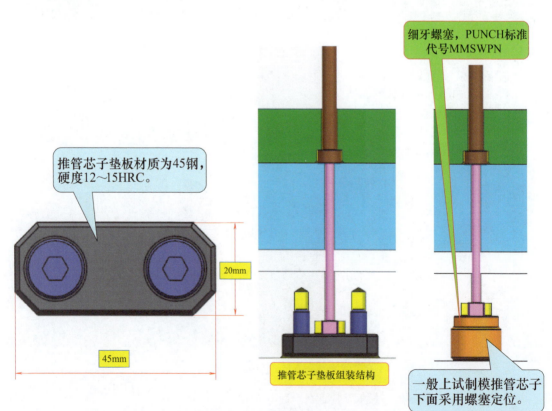

推管芯子垫板材质为45钢，硬度12～15HRC。

细牙螺塞，PUNCH标准代号MMSWPN

推管芯子垫板组装结构

一般上试制模推管芯子下面采用螺塞定位。

图 7.7　推管装配形式

7.5 导柱导套设计

7.5.1 导柱导套安装形式

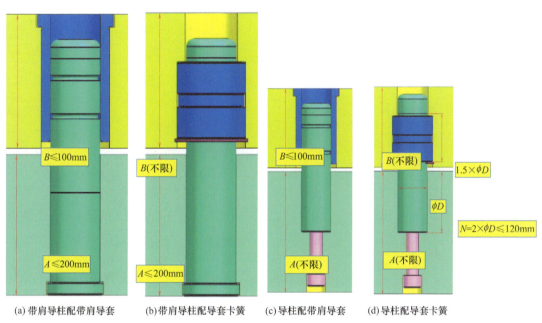

(a) 带肩导柱配带肩导套　　(b) 带肩导柱配导套卡簧　　(c) 导柱配带肩导套　　(d) 导柱配导套卡簧

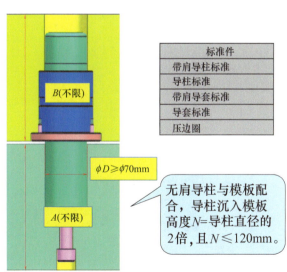

标准件
带肩导柱标准
导柱标准
带肩导套标准
导套标准
压边圈

(e) 带肩导柱配导套压边圈　　　　　　(f) 直身导柱配导套压边圈

图 7.8　导柱导套安装形式

7.5.2 导柱导套设计要求及斜导柱对其影响

所有导柱要同时进入导套，配合长度一般取导柱直径的1.5倍。

每副模具4支导柱，与导套配合以外的部分单边有0.3°~0.5°的斜度，增加斜度后的前后端半径差要小于产品壁厚，斜度部分不用加工油槽。

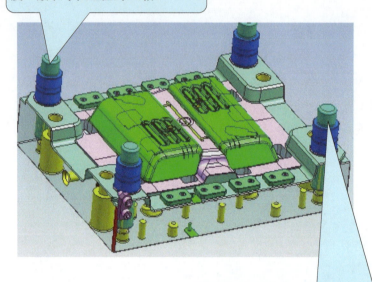

图 7.9　导柱导套的配合

导柱的高度除了考虑B板的高度外，还要考虑动、定模的斜导柱，斜导柱导向高度h≤导柱配合导向高度H。

单边有0.3°~0.5°斜度

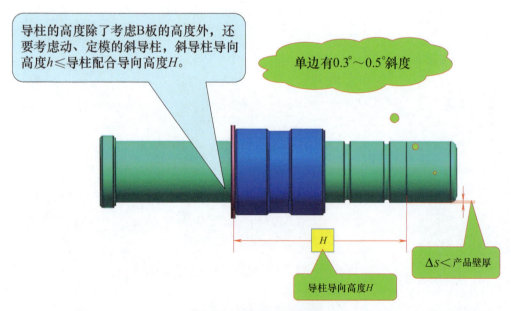

H

导柱导向高度H

$\Delta S <$ 产品壁厚

图 7.10　导柱的导向高度

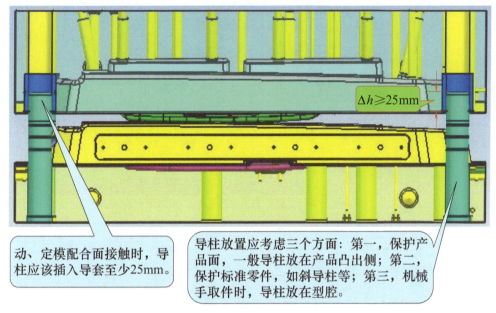

图 7.11　导柱导套设计注意事项

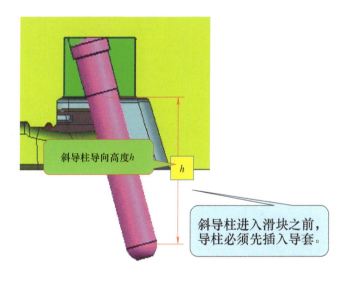

图 7.12　斜导柱设计要求

7.5.3　导柱导套设计标准及选用要求

导柱和导套是指为使动模及定模准确定位而使用的导向零件，若合模时型腔未准确定位，则会损坏成型零件。导柱导套的作用是：a. 固定侧和可动侧精确定位；b. 支撑模具重量；c. 保护成型零件。

（1）圆形导柱的设计标准

一般模具导柱的直径大小按龙记标准来设计，非标模具导柱的直径大小可以参考龙记标准，也可以按图 7.13 的标准设计，但模具的导柱直径最大只能做到 $\phi 80$mm。

（2）圆形导柱长度的确定

导柱的长度必须要保证足够的长，否则在模具的生产加工和应用中会带来很大的麻烦，严重时会损坏模具。导柱长度设计见图 7.13。

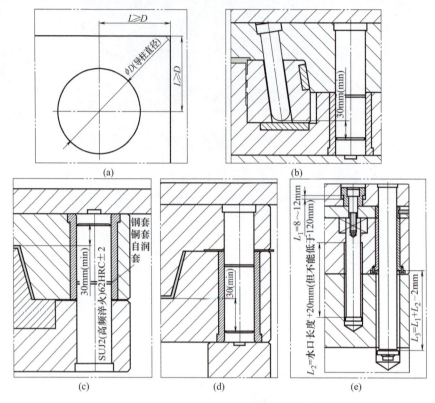

图 7.13　导柱长度设计

（3）圆形导套（包括中托司的导套）的设计标准（龙记标准）（见图 7.14）

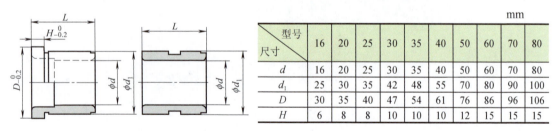

型号 尺寸	16	20	25	30	35	40	50	60	70	80
d	16	20	25	30	35	40	50	60	70	80
d_1	25	30	35	42	48	55	70	80	90	100
D	30	35	40	47	54	61	76	86	96	106
H	6	8	8	10	10	10	12	15	15	15

图 7.14　导套设计标准及尺寸

（4）导柱导套的装配（见表 7.2）

（5）导套压板设计

导套压板有两种形式，一是两件小圆形压板，如图 7.15（a）所示；二是带分型面承压块作用的方形压板，如图 7.15（b）所示。

7.5.4　推杆板圆形导柱导套设计准则

一般情况下顶针板由 4 支或 6 支复位杆支撑，但复位杆安装精度不高。当推杆板较大、较重时，因受推杆板自身重量影响，有时会导致复位杆弯曲。在这种情况下反复运动会对推杆、推管施加负载，从而产生卡死或折损等现象。若采用推板导柱、导套（又称副导柱副导套）组合使用的推板导向系统，对推板的往返运动进行准确导向，可防止发生以上情况。

表 7.2 导柱导套的装配　　　　　　　　　　　　　　　mm

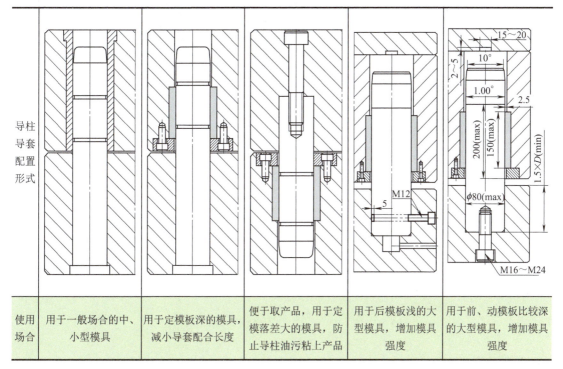

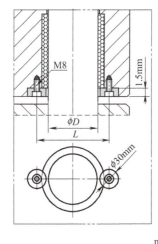

mm				
D	50	60	70	80
L	86	96	106	116

(a)

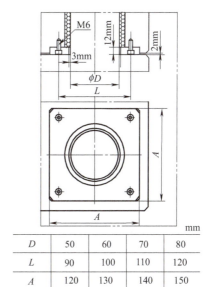

mm				
D	50	60	70	80
L	90	100	110	120
A	120	130	140	150

(b)

图 7.15　导套压板设计

（1）推杆板导柱导套的设计标准

推杆板导柱、导套的设计标准一般和模胚导柱、导套一样。其作用是：导引推杆板运动、防止推杆板因受力不均而顶出不平衡。另外对于加热模具（SMC），一定要注意推杆板导柱在 B 板上的孔要避空（一般情况下每长 1m，温度每升高 1°，钢料会增加 0.011mm）。

（2）推杆板导柱导套设计方案（见图 7.16）

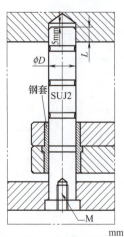 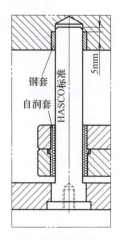 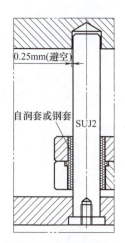

D	16, 20, 25	30, 40	50, 60	mm
L	15	25	35	
M	8	10	12	
适用场合	一般场合			

(a) 方案一

适用场合	所有三星模具
备注	未标尺寸按一般标准

(b) 方案二

适用场合	所有佛吉亚模具
备注	未标尺寸按一般标准

(c) 方案三

图 7.16 顶针板导柱导套设计

7.6 方导柱设计

方导柱一般用于大型汽车注塑模具，安装于模具的四侧。

7.6.1 方导柱标准及规格

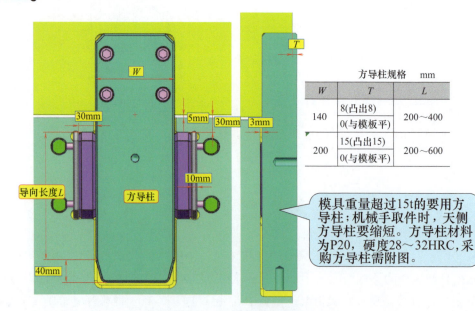

方导柱规格		mm
W	T	L
140	8(凸出8)	200~400
	0(与模板平)	
200	15(凸出15)	200~600
	0(与模板平)	

模具重量超过15t的要用方导柱；机械手取件时，天侧方导柱要缩短。方导柱材料为P20，硬度28~32HRC，采购方导柱需附图。

图 7.17 方导柱装配及主要尺寸

为避免耐磨板报废，增加10mm厚度调整板。调整板材料为45钢，硬度15～20HRC。

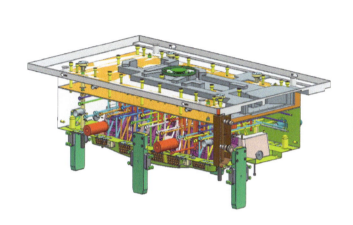

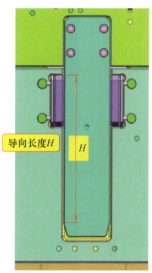

导向长度H

仪表板模具为避免型腔型芯碰撞损坏模具，要求操作侧、非操作侧和地侧方导柱导向长度$H=$仪表板侧边长H_1+50mm。

图7.18　方导柱设计注意事项

7.6.2 方导柱布置及高度

① 四面布置方导柱主要适用于所有大型模具，但需要注意不能妨碍机械手取件，如果妨碍到机械手取件可以按图7.19（b）设计。

② 二面方导柱加圆导柱主要用于保险杠模具，圆导柱布置在模具的地侧，避免挡住机械取件。

（1）方导柱设计原则

方导柱必须高出模具形状最高位置30mm，以保护型腔，如图7.19（c）所示。

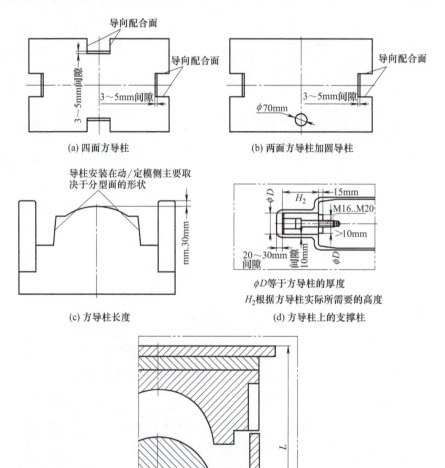

图7.19 方导柱的布置及高度要求

（2）方导柱高度对配模机（又称飞模机）的设计要求

对于产品落差较大、方导柱特别高的情况下，要注意合模时方导柱在碰到定模之前的距离在 15mm 时，模具的高度 $L \leqslant 2450mm$，超过 2450mm 会妨碍配模机翻模（大显 400T 配模机），可能出现类似问题的产品有保险杠模。如要解决方导柱高度问题，可以在导柱上加支撑柱。

7.6.3 方导柱类型

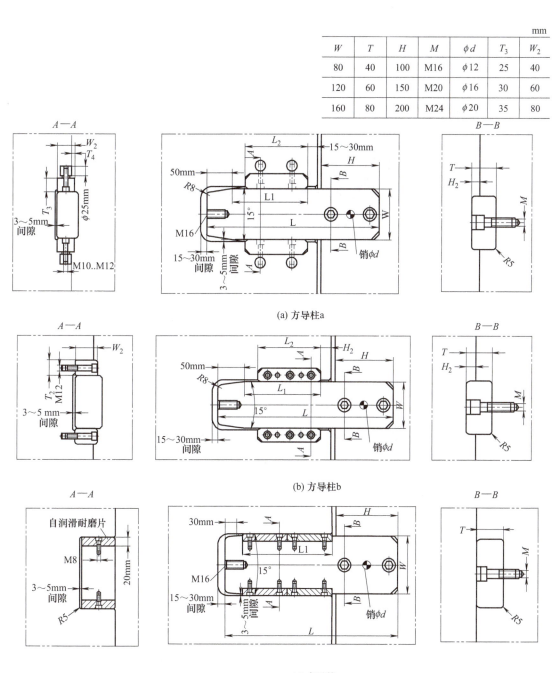

图 7.20　方导柱规格型号

7.7 斜导柱形式及规格

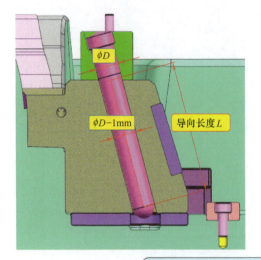

斜导柱采用客户标准，斜导柱固定座客户标准最大配φ30mm斜导柱，φ40mm和φ50mm斜导柱固定座按客户标准。

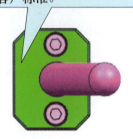

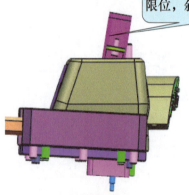

部分国外模具采用斜导柱从模具分型面用垫片限位，斜导柱埋入深度为定模直径的1.5倍。

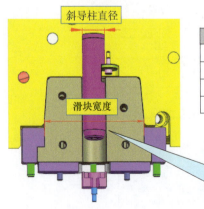

mm

滑块宽度	斜导柱直径	螺栓M
<100	20	10
115～300	25	10
320～500	40	12
>520	50	20

高度小于120mm的滑块可用小一挡的斜导柱；滑块宽度超过250mm的用2支斜导柱。

图7.21　斜导柱形式及规格

7.8 一度定位块设计

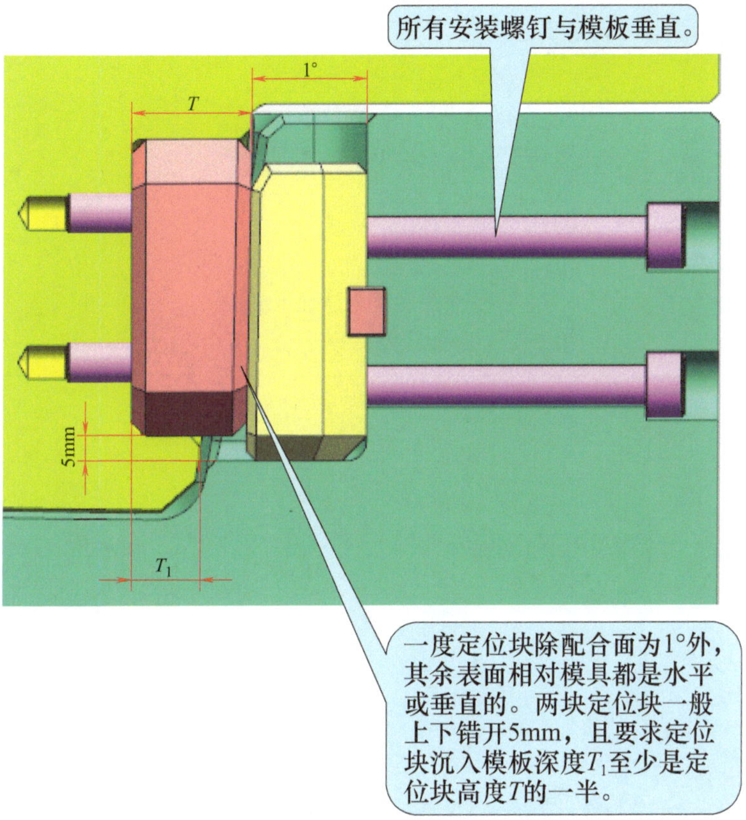

所有安装螺钉与模板垂直。

一度定位块除配合面为1°外，其余表面相对模具都是水平或垂直的。两块定位块一般上下错开5mm，且要求定位块沉入模板深度T_1至少是定位块高度T的一半。

图 7.22　一度定位块设计要点

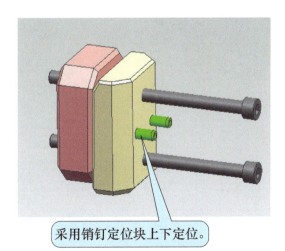

采用销钉定位块上下定位。

图 7.23　定位块装配时需用销钉定位

7.9 日期镶件设计

按客户要求选定品牌和型号，当客户要求放在斜面或者是弧面上且落差$A \leqslant 0.3$mm时，D值取0；当$A > 0.3$mm时，D值取3°的倍数。

一般日期镶件底部做ϕ4mm通孔，便于日期镶件的取出。

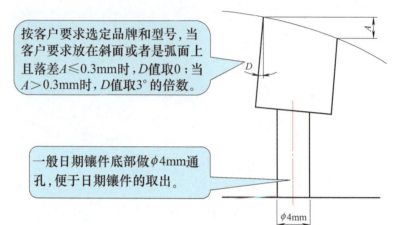

图7.24 日期镶件设计

7.10 行程开关及线槽设计

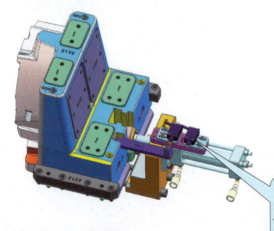

油缸驱动的动作都要放行程开关，要分别控制运动和复位的信号；一般行程开关是固定不动的。

国外模具管道外围布线采用圆形或长方形钢材，一般不采用塑料管道。

图7.25 行程开关及其线槽设计

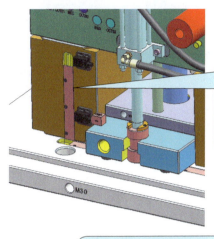

一般电线采用沉入模脚或动模固定板槽,上盖压线板形式(注意油路总进出接口正对压线板槽时,将压线板槽做到固定板反面)。

不能采用压线板形式时,可采用在模脚或其他的部件中打孔的方式进行电路布置,电线管道一般做成 $\phi 20mm$;如电线较多,可根据实际情况加大孔径。

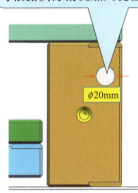

行程开关接线插头按客户提供的型号进行设计。

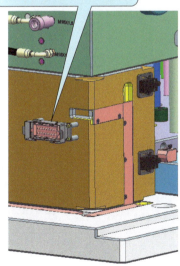

图 7.26　模具上电线插座及线槽设计

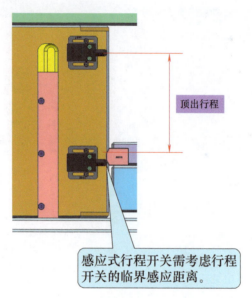

顶出行程

感应式行程开关需考虑行程开关的临界感应距离。

图 7.27 行程开关位置设计

 7.11 精定位设计

因导柱与导套之间存在间隙,所以需要使用精度更高的定位零件来确保准确合模。精定位是为保护模具和产品的精度而设计的。产品上有斜度的插穿和产品定模面需要蚀纹的都必须做精定位。

精定位可以分为直身精定位和1°精定位,一般来说,模具温度较高时,必须使用精度定位。图 7.31 是精定位设计的几种方案。

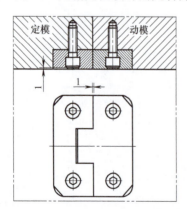

材料	标准件				
型号	PL-38	PL-50	PL-75	PL-100	PL-125
适用场合	中小模具				

(a)

材料	CR12 淬火
适用场合	分型面落差不大的中等模具

(b)

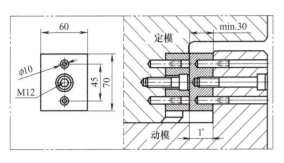
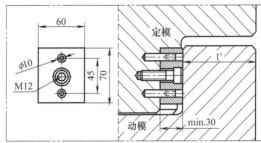

材料	CR12淬火
适用场合	中、大型模具

(c)

材料	青铜或自润套
适用场合	客户指定

(d)

图 7.28　精定位设计（四种方案，单位：mm）

7.12　吊环螺孔及销钉孔设计

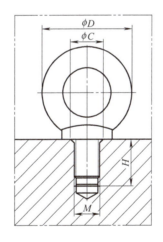

mm

吊环规格 M	倒角 C	牙深 H	吊环外径 D	可承受质量（垂直1个）/kg
12×1.75	ϕ16	24	60	200
16×2.0	ϕ20	30	72	450
20×2.5	ϕ24	34	81	630
24×3.0	ϕ28	42	90	950
30×3.5	ϕ36	50	110	1500
36×4.0	ϕ42	60	133	2300
42×4.5	ϕ48	70	151	3400
48×5.0	ϕ56	80	180	4500
64×6.0	ϕ74	90	215	9000

图 7.29　吊环及其规格

由于螺钉只是起紧固作用，一般情况下装配要求高的模板、镶件等都需要有定位销钉。销钉及孔的设计标准按图7.30（a）设计，在销钉端部都要设计吊装螺孔，以便装卸，销钉最小不要小于ϕ8mm。

在设计销钉孔时，吊装孔长度不能超过镶件底，如图7.30（b）所示，以免影响销钉的强度使其变形、弯曲。

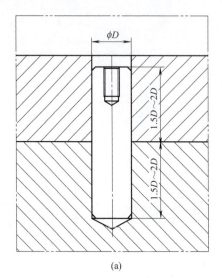 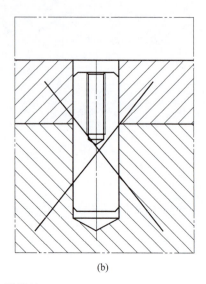

图7.30　定位销钉孔设计

第 8 章

制造工艺要求

我们设计的模具必须能够加工得出来,而且要尽量做到在最短的时间内、以最低的成本制造出来。大中型汽车注塑模具大多结构复杂,制造难度大,制造过程复杂。为方便加工,模具零件需要设计若干工艺结构。由于这些工艺结构与塑件形状无关,与模具工作原理无关,与注塑生产无关,因此在设计过程中往往被忽视。

8.1 主要模板及零件制造工艺要求

8.1.1 大镶块开粗工艺要求

> 大镶块一般底部两直两斜,在镶块正面增加装夹工艺平台,且平台上加M16的工艺螺孔(工艺平台可作斜楔定位块用)。

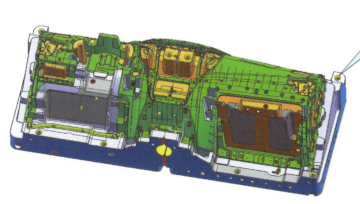

图 8.1

图 8.1　大镶块开粗工艺要求

8.1.2 大滑块开粗工艺要求

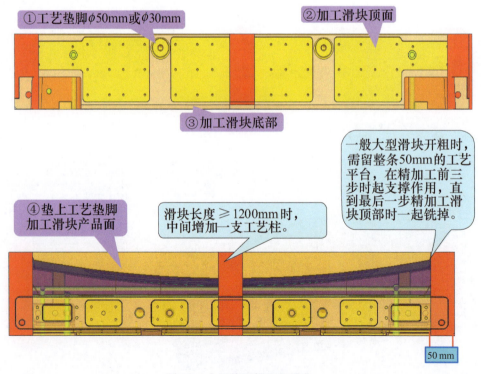

图 8.2　大滑块开粗工艺要求

8.1.3 顶杆开粗工艺要求

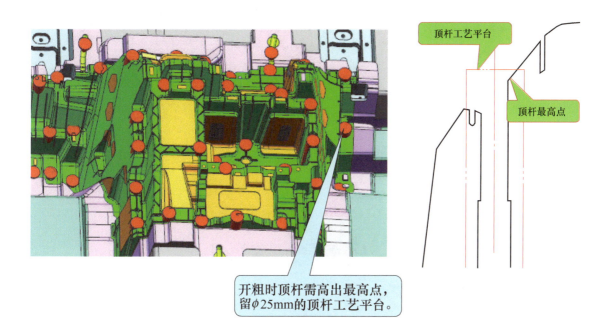

图 8.3　顶杆开粗工艺要求

8.1.4 水路开粗工艺要求

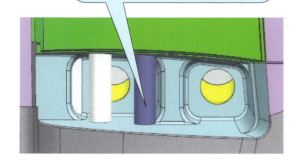

图 8.4　型芯上的工艺平台

图 8.5　冷却水管加工工艺平台

8.1.5 有冷却水管和无冷却水管工艺结构设计

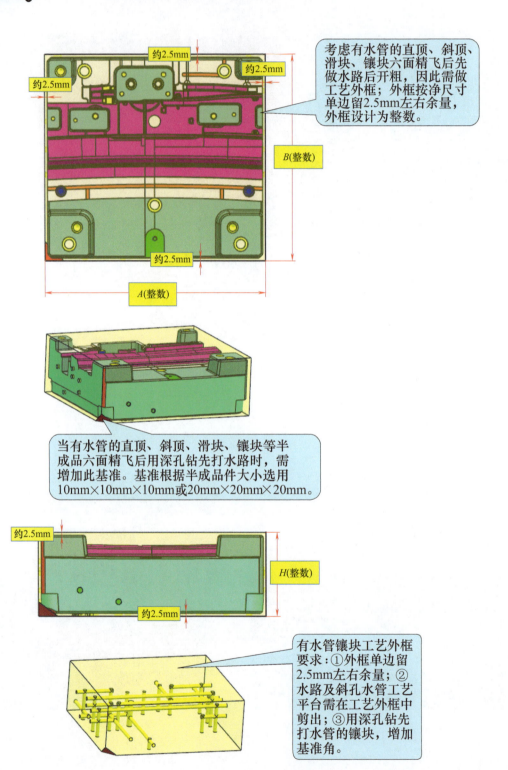

图 8.6　有冷却水管工艺结构设计

第8章 制造工艺要求

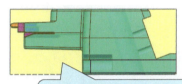

无水管的半成品直接采用留有余量的毛料加工，没有飞刀工序，不用每边留2.5mm余量。

无水管的直顶、斜顶、镶块工艺外框四周与底部不放余量，且外框设计为整数。

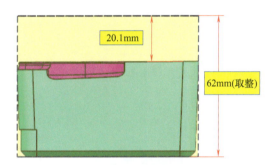

无水管的滑块六面工艺外框不放余量，仅需对工艺外框取整。

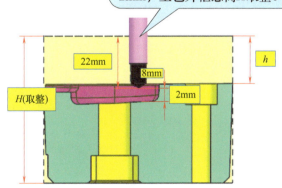

无水管的镶块长度≤50mm且底部形状规则，能用线切割加工的镶块顶块不用放余量。其他镶块顶部 h 通常放20mm余量，根据具体情况而定；M8螺钉孔总长按标准为22mm，螺钉孔底部至产品面至少需2mm，工艺外框总高 H 取整。

图 8.7 无冷却水管工艺结构设计

171

8.1.6 斜顶直顶工艺结构设计

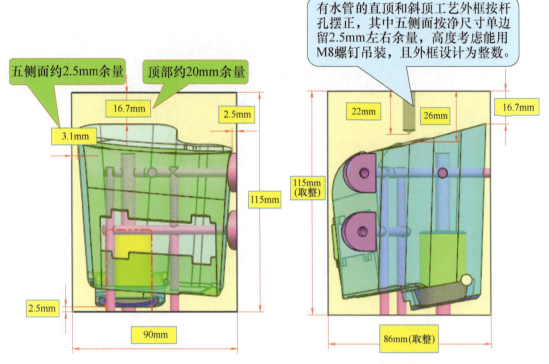

图 8.8　有冷却水管斜顶和直顶工艺结构设计

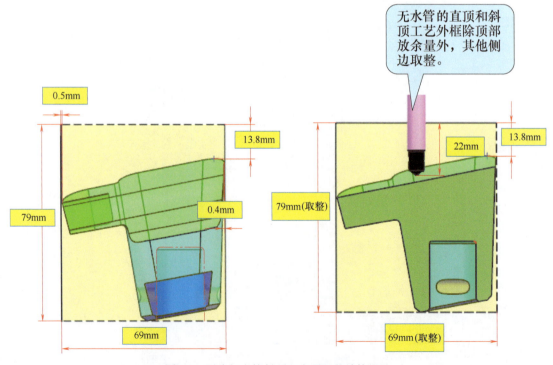

图 8.9　无冷却水管斜顶和直顶工艺结构设计

8.2 其他结构制造工艺要求

8.2.1 斜水管工艺结构设计

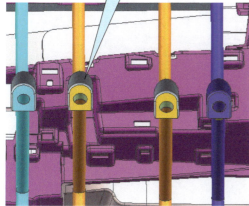

所有的斜水管孔一定要做U形工艺平台，工艺平台大小随水孔大小变化。

 U形

水路孔大小	水路平台大小
$\phi 6$	$\phi 20$
$\phi 8$	$\phi 22$
$\phi 10$	$\phi 24$
$\phi 12$	$\phi 26$
$\phi 15$	$\phi 30$
$\phi 18$	$\phi 32$
$\phi 20$	$\phi 34$
$\phi 24$	$\phi 38$

（单位：mm）

图 8.10　斜水管工艺结构设计

8.2.2 模板上工艺螺孔设计

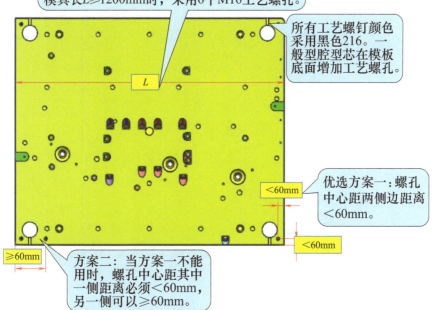

模具长 $L<1200\text{mm}$ 时，采用4个M16工艺螺孔；
模具长 $L\geqslant 1200\text{mm}$ 时，采用6个M16工艺螺孔。

所有工艺螺钉颜色采用黑色216。一般型腔型芯在模板底面增加工艺螺孔。

优选方案一：螺孔中心距两侧边距离<60mm。

方案二：当方案一不能用时，螺孔中心距其中一侧距离必须<60mm，另一侧可以≥60mm。

图 8.11　模板上工艺螺孔设计（一）

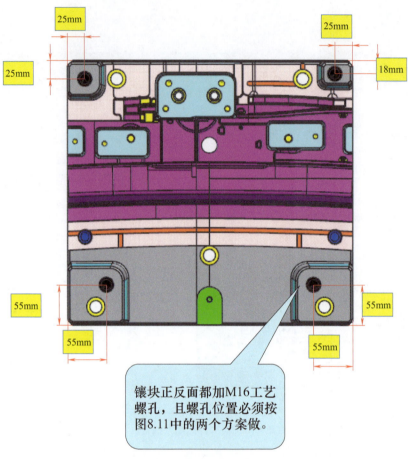

镶块正反面都加M16工艺螺孔，且螺孔位置必须按图8.11中的两个方案做。

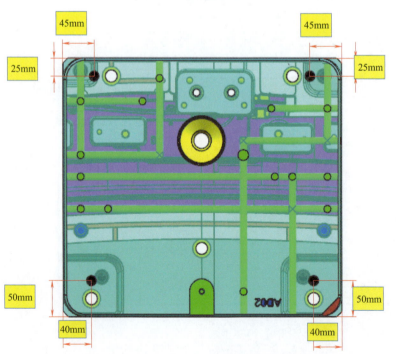

图8.12 模板上工艺螺孔设计（二）

8.2.3 半成品模具零件工艺结构设计

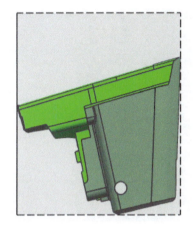

(a) 无水路

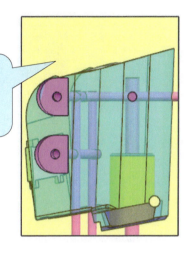

直顶、斜顶、滑块、镶块等与产品面相关件，半成品采购时需以工艺外框为净尺寸。

(b) 有水路

图 8.13　半成品模具零件工艺结构设计

8.2.4 直顶带斜顶备料要求

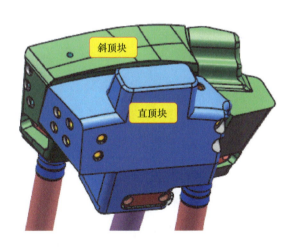

斜顶块

直顶块

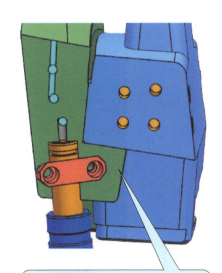

当斜顶块与直顶块必须组合后才能装配到模具上时，直顶块与斜顶块需按组合备料方式下料。

图 8.14　直顶带斜顶组合的订料要求

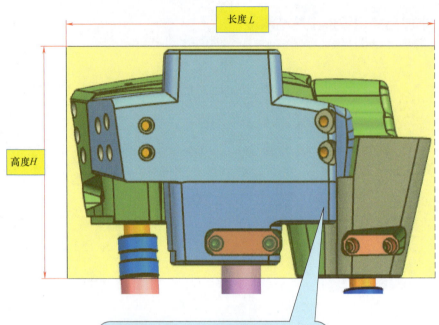

(a)

组合备料方式：直顶块与斜顶块分两块备料，要求两块长度L与高度H要一样。模具水平放置后，长度L与高度H以组合后最大外形定；宽度W则分别以各自宽向最大外形定。

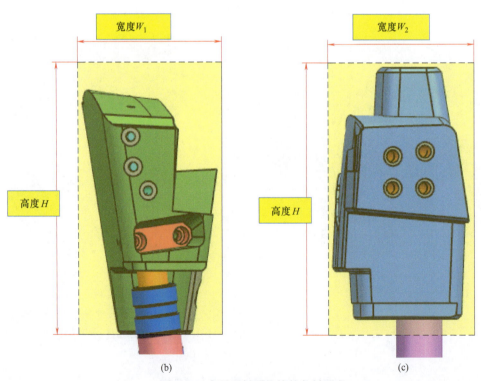

(b)   (c)

图 8.15 直顶和斜顶分体的备料要求

8.2.5 模板工艺倒角设计

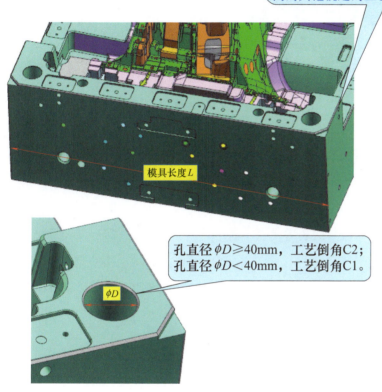

图8.16 模板工艺倒角设计

第9章 汽车保险杠注塑模具设计实例

汽车保险杠注塑模具是汽车模具的典型代表，也是大型、复杂、长寿命以及薄壁注塑模具的经典实例。该模具采用了很多先进技术，诸如内分型技术、顺序阀热流道技术等。其浇注系统、成型零件、侧向抽芯机构、脱模系统、温度控制系统和导向定位系统的复杂程度令人叹为观止。

9.1 浇注系统设计

汽车保险杠模具浇注系统采用整体式热流道系统，它的优点包括装拆方便，加工精度要求不高，没有漏胶风险，装配精度可靠，并且后续不需要重复拆装以及维护和维修成本低。

前保险杠为外观件，表面不允许有熔接痕，注射成型时必须把熔接痕赶到非外观面或消除熔接痕。为此模具采用了多点顺序阀热流道浇口控制技术，即 SVG 技术，它通过油缸的驱动来控制八个热射嘴的开启和关闭，由此达到了塑件表面无熔接痕的理想效果。

9.1.1 浇口位置及大小

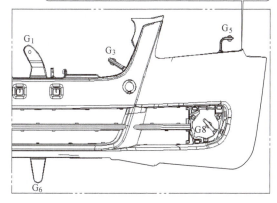

前保险杠大灯位置不要轻易设计浇口容易造成大灯处模具飞边和浇口缸陷。

图 9.1 前保险杠浇口位置

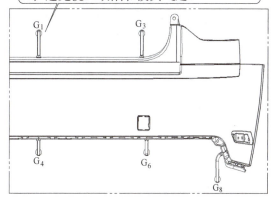

后保险杠行李箱处避免设计浇口，如果一定需要设计浇口，浇口优先设计成牛角浇口，避免浇口缺陷和模具飞边。

图 9.2 后保险杠浇口位置

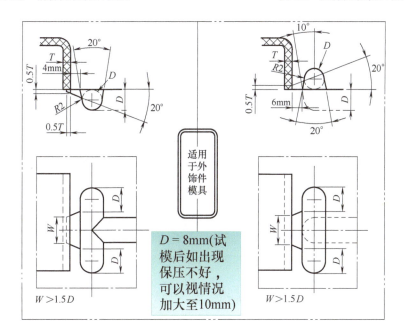

适用于外饰件模具

$D = 8mm$（试模后如出现保压不好，可以视情况加大至10mm）

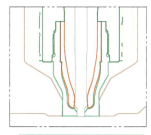

阀式要设计成零冷料

图 9.3

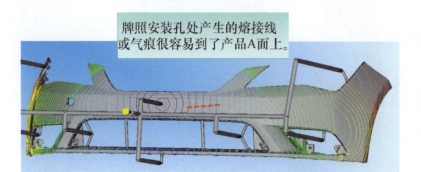
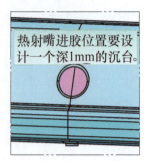

图9.3　浇口位置及大小设计

如果空间和客户允许，前保险杠的主浇口优先考虑直接在产品表面进胶（牌照板位置），如图9.4所示，这样更有利于产品填充，同时可以解决其他浇口方案因为主浇口压力过大而引起的飞边缺陷。但设计时要注意以下问题：

① 要设计热射嘴冷却水套，可以避免热射嘴附近出现太阳圈现象。
② 浇口位置要尽量靠近牌照板下侧，这样浇口附近的缺陷可以被遮住。
③ 要注意因牌照安装孔而产生的熔接线或气痕跑到了产品A面上。

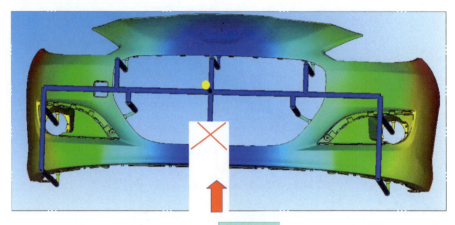
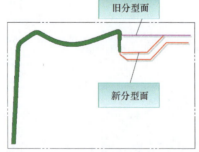

图9.4　浇口应有利于熔体填充

主浇口不要设计在车型的上侧进胶，浇口缩痕很难解决，要优先考虑设计在车型地侧。如果因为各种原因不能设计在地侧，一定要设计在上侧，要建议客户更改产品，把进浇口处的分型面下移，通过这种方式来隐藏浇口缺陷，如图9.5所示。

180

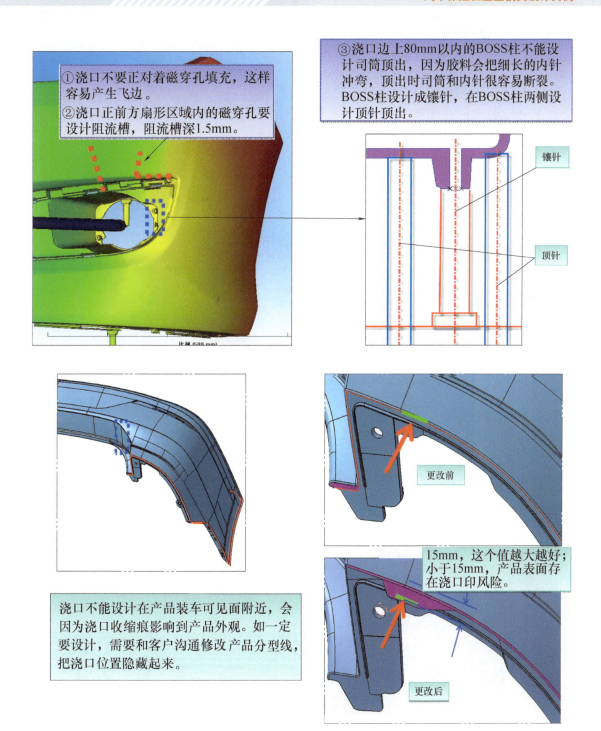

图9.5 浇口不能影响产品美观

最后一个进胶点距产品两端的距离 L 不能太远,前保险杠要控制在450mm以内,后保险杠要控制在550mm以内,如图9.6所示。

L 值过大,会产生以下问题:

① 造成产品两头的尖角缩水。

② 为了解决尖角处的缩水,注塑压力会加大,从而造成模具飞边和影响模具寿命。

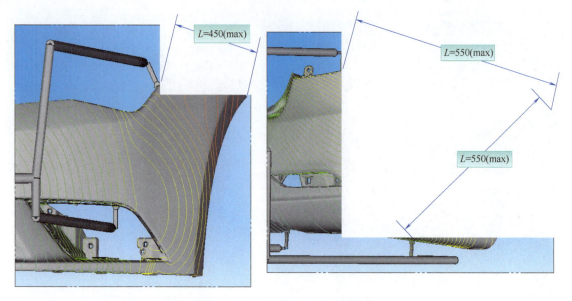

图 9.6　浇口应保证产品的成型质量

9.1.2　模流分析的重要性

对大型注塑模具来说，模流分析非常重要，它可以发现浇注系统填充是否平衡，产品是否会因为压力太大而产生飞边等问题。用模流分析检验浇口的合理性如图 9.7 所示。

理想的情况是最高点的注射压力要小于 60MPa，这样产品几乎不会因为浇口原因而产生飞边，特殊情况可以让步到 65MPa。

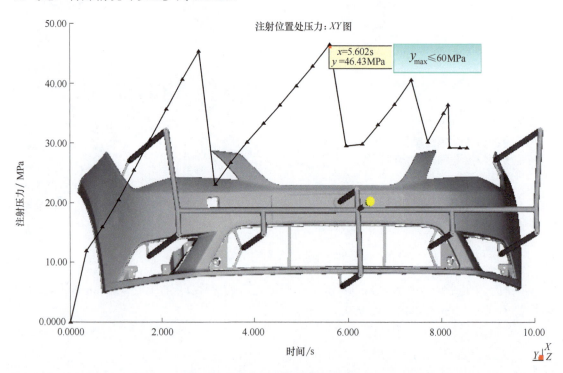

图 9.7　用模流分析检验浇口的合理性

当需要把浇口设计在斜顶上时，为了不使流道设计在定模，可采取对斜顶起级，将热射嘴附近流道设计在动模、浇口处的流道设计在定模的形式，来解决这个问题，详见图9.8。

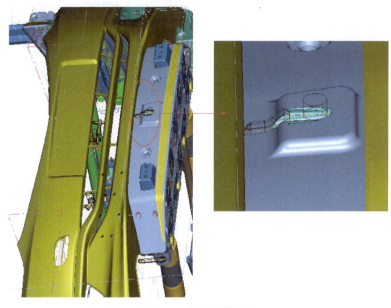

图 9.8　分段流道设计

9.1.3　流道的排气设计

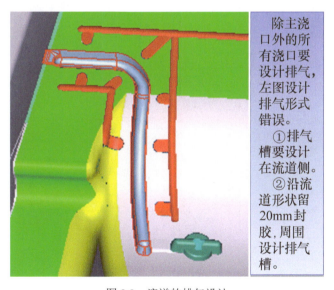

除主浇口外的所有浇口要设计排气，左图设计排气形式错误。
①排气槽要设计在流道侧。
②沿流道形状留20mm封胶，周围设计排气槽。

图 9.9　流道的排气设计

9.2　侧向抽芯机构设计

前保险杠模具采用内分型的分型面，定模 A 板倒扣处的分型线位于动模侧斜顶下方，必须严格控制开模时的抽芯步骤。模具采用直顶下设计斜顶，斜顶内又设计横向斜顶的复杂结构。为抽芯顺利，斜顶与直顶要有足够空间，斜顶与直顶接触面要设计 3°～5° 的斜度。内分型保险杠注塑模两侧大斜顶和大直顶要设计冷却水道。内分型保险杠定模侧孔要设计定模弹针结构抽芯。

9.2.1 大斜顶结构设计

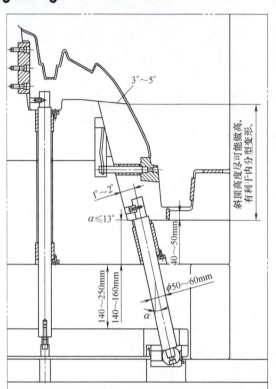

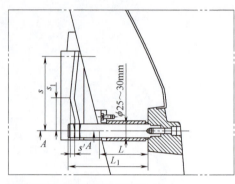

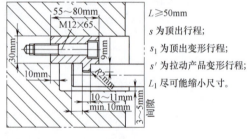

$L \geqslant 50mm$

s 为顶出行程；
s_1 为顶出变形行程；
s' 为拉动产品变形行程；
L_1 尽可能缩小尺寸。

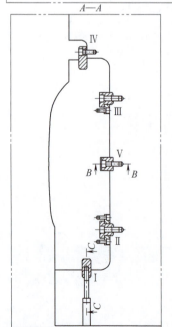

A—A

类型Ⅳ放大图

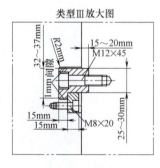

类型Ⅲ放大图

类型Ⅰ放大图

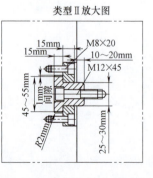

类型Ⅱ放大图

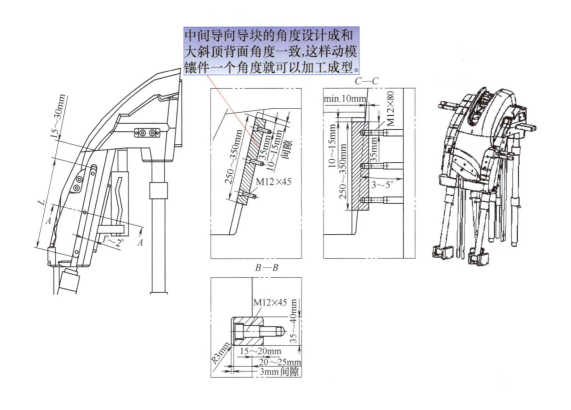

图 9.10　保险杠模具大斜顶结构设计

9.2.2　斜推导轨设计

动模镶件和 B 板上的导轨槽设计成斜面的,如图 9.11(a)所示,造成 CNC 加工、深孔钻和 EDM 清角时需把工件摆一个角度。

改善措施:把导轨槽设计成不带斜度的,如图 9.11(b)所示。

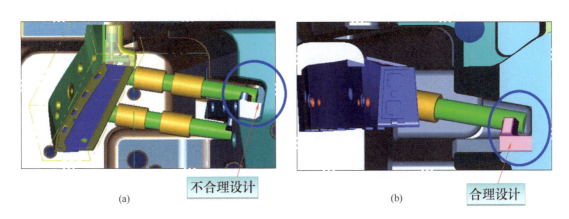

图 9.11　斜推导轨的设计

9.2.3 大斜顶工艺螺孔设计

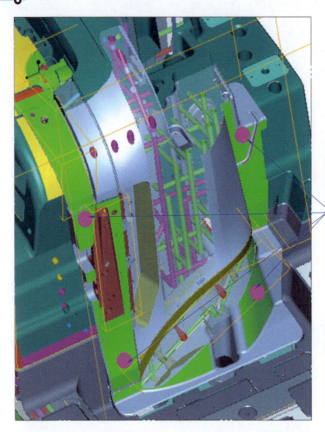

在这些位置设计工艺螺孔，用于在动模整体光刀时，把大斜顶锁紧使其贴紧在动模上，这样配模时两头就不会空掉。工艺螺钉为M16。

在大斜顶底部设计工艺螺孔，使其锁紧在B板上，作用和上面一样，工艺螺钉为M20。

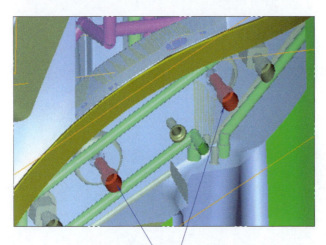

在大斜顶的斜顶上设计两个工艺螺孔，用于在动模整体光刀时锁紧斜顶，螺钉直径为M12。

图9.12 大斜顶工艺螺孔设计

9.2.4 侧向抽芯中弹针的设计

弹针设计注意事项：定模的弹针，运动过程当中弹针会把圆孔铲伤，并使圆孔变大，最终产生飞边。

解决措施：在弹针后面增加导套，使弹针导向稳固，见图 9.13。

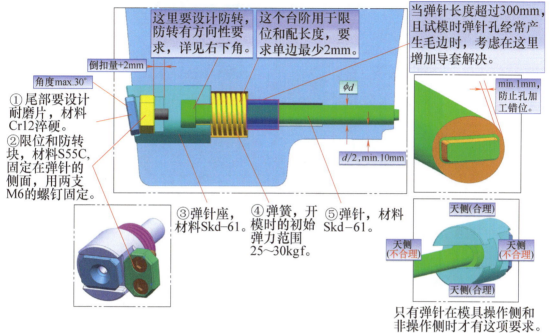

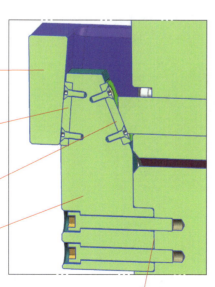

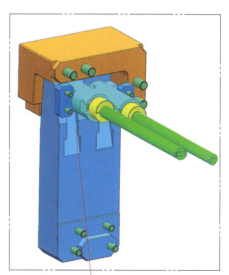

图 9.13 侧向抽芯中弹针的设计

9.2.5 侧向抽芯中拉钩的设计

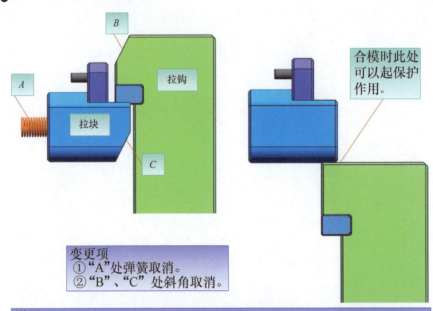

变更项
① "A"处弹簧取消。
② "B"、"C"处斜角取消。

说明：
原有拉钩因为设计了弹簧结构，且拉块和拉钩设计了倒角，在合模时可以通过拉钩的斜角把拉块强行压回，所以在合模时起不了保护的作用，只在开模时起保护作用。更改后的结构可以在合模时也起到保护作用。

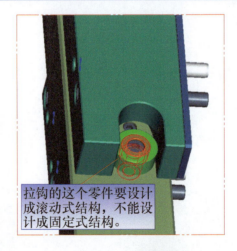

拉钩的这个零件要设计成滚动式结构，不能设计成固定式结构。

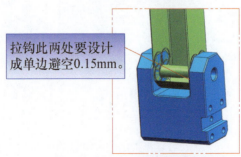

拉钩此两处要设计成单边避空0.15mm。

图 9.14　侧向抽芯中拉钩的设计

9.2.6 大斜顶的封料和导向

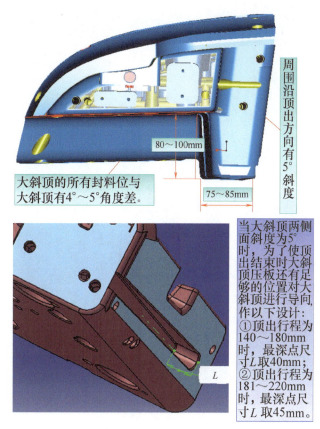

图 9.15　大斜顶的封料和导向

9.2.7 大斜顶耐磨片设计

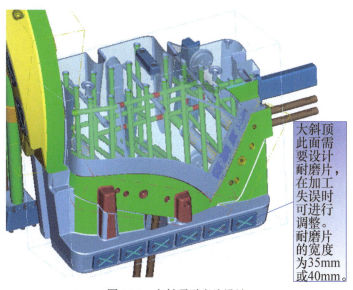

图 9.16　大斜顶耐磨片设计

9.3 脱模机构设计

9.3.1 顶出油缸固定方式

顶出油缸全部按固定不动的形式设计

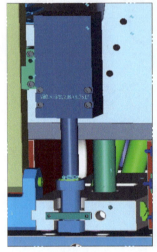
(a) 优先选用结构

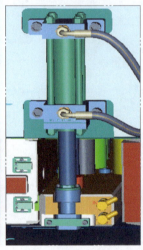
(b) 第二候选结构

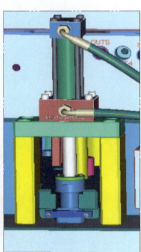
(c) 第三候选结构

图 9.17 顶出油缸固定方式

9.3.2 氮气弹簧设计

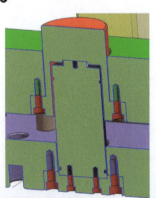

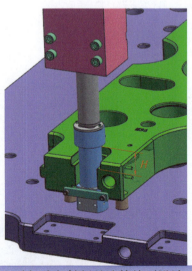

① 由于模具大、脱模力大，所有的内分型保险杠模具一般都要设计氮气弹簧辅助同步顶出，氮气弹簧的行程和同步顶出行程一致，不需要留余量。
② 当大斜顶和型腔没有倒扣时，走模时要把氮气弹簧拆下来。

③ 油缸头与针板的连接块要设计一段避空值 H：
H=同步顶出行程+1mm=氮气弹簧行程+1mm

图 9.18 氮气弹簧设计

9.3.3 调整垫片设计

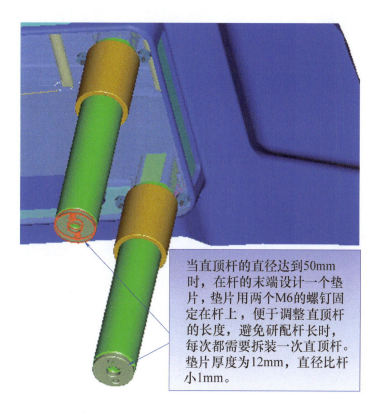

当直顶杆的直径达到50mm时，在杆的末端设计一个垫片，垫片用两个M6的螺钉固定在杆上，便于调整直顶杆的长度，避免研配杆长时，每次都需要拆装一次直顶杆。垫片厚度为12mm，直径比杆小1mm。

图 9.19　调整垫片设计

9.3.4 型腔顶块设计

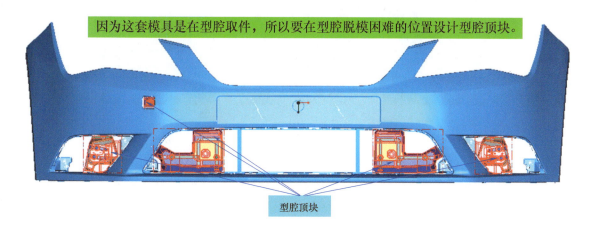

因为这套模具是在型腔取件，所以要在型腔脱模困难的位置设计型腔顶块。

型腔顶块

图 9.20　型腔顶块设计

9.3.5 脱模系统常见问题及解决措施

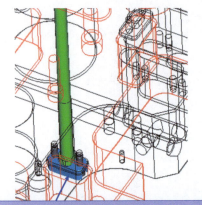

问题：一开始在设计模具时底板与顶针对应位置没有挖空，每次拆顶针时，都需要拆模。
改善措施：把底板与顶针对应位置挖空，就可以很方便地不拆模就拆装顶针。

(a)

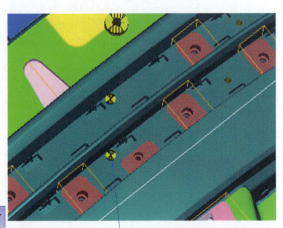

问题：分型面上设计了顶针，常把定模撞伤，造成飞边。
改善措施：所有的内分型保险杠在分型面上均不设计顶针。

(b)

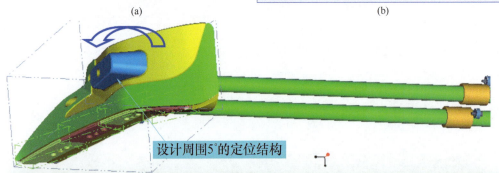

设计周围5°的定位结构

问题：由于是在型腔取件，那么就会造成同步顶出段距离过长，这套模具为同步顶出290mm，模具就会存在一个风险，同步顶出时，顶出机构因重力原因(顶出机构的重量)会造成下坠，那么就会和型腔产生错位，从而造成分型面撞伤，引发模具失效，产生飞边。
解决措施：在顶块与型腔之间，设计周围5°斜度的定位，使其和型腔之间不产生错位。

(c)

图9.21　脱模系统常见问题及解决措施

9.3.6 油缸顶出注意事项

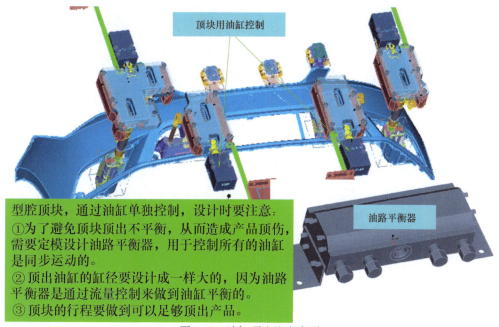

型腔顶块,通过油缸单独控制,设计时要注意:
①为了避免顶块顶出不平衡,从而造成产品顶伤,需要定模设计油路平衡器,用于控制所有的油缸是同步运动的。
②顶出油缸的缸径要设计成一样大的,因为油路平衡器是通过流量控制来做到油缸平衡的。
③顶块的行程要做到可以足够顶出产品。

图 9.22　油缸顶出注意事项

9.4　模具型腔强度设计

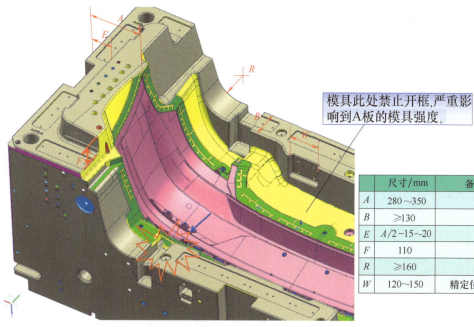

	尺寸/mm	备注
A	280～350	
B	≥130	
E	A/2-15～20	
F	110	
R	≥160	
W	120～150	精定位宽度

图 9.23　保证 A 板强度

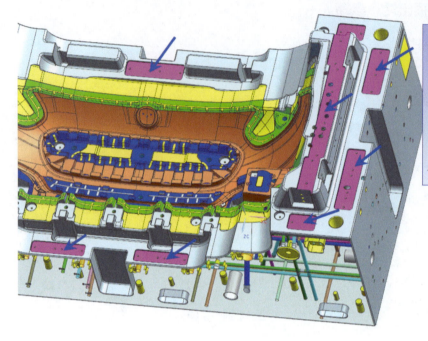

图 9.24 承压板的位置

9.5 模具冷却系统设计

模具冷却系统采用"直通式冷却水管+倾斜式冷却水管+冷却水井"的组合形式。

9.5.1 冷却水管的位置

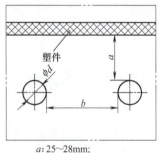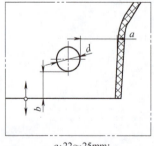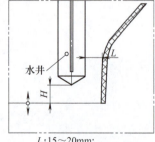

a：25～28mm；
b：50～55mm；
d：15mm

a：22～25mm；
b：大于15mm

L：15～20mm；
H：12～15mm

图 9.25 冷却水管的位置

194

9.5.2 热射嘴附近冷却水设计

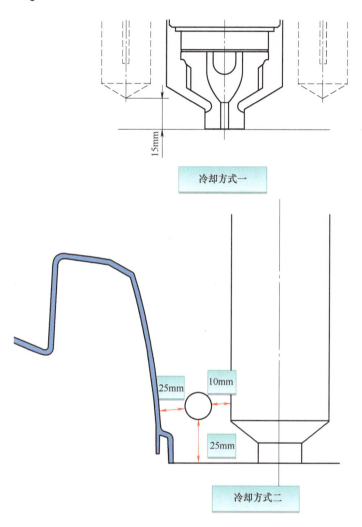

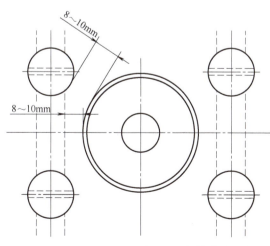

图 9.26　热射嘴附近冷却水设计

9.5.3 斜推杆冷却系统设计

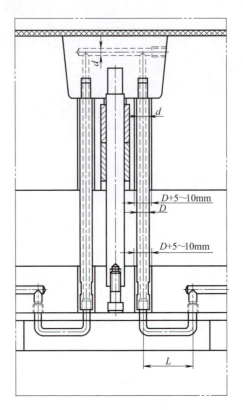

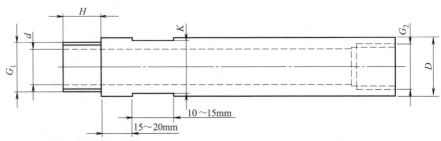

d	D	G_1	G_2	K	H
$\phi 6$	14	1/4"	1/8"	12	10
$\phi 8$	16	1/4"	1/8"	14	13
$\phi 10$	18	3/8"	1/4"	16	15
$\phi 12$	20	1/2"	3/8"	18	18

图 9.27 斜推杆冷却系统设计（一）

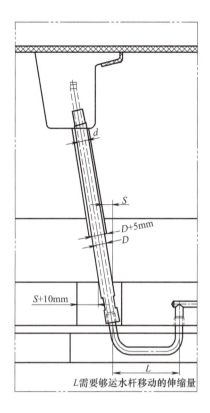

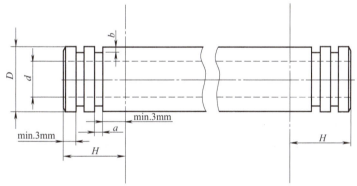

mm

d	D	a	b	胶圈规格（Hasco）
$\phi 8$	$\phi 16$	3.1	1.9	Z98/11.8/2.4
$\phi 10$	$\phi 20$	3.1	1.9	Z98/15.3/2.4
$\phi 12$	$\phi 20$	3.1	1.9	Z98/15.3/2.4
$\phi 15$	$\phi 24$	3.1	—	Z98/19.3/2.4

图 9.28　斜推杆冷却系统设计（二）

9.5.4 斜顶块冷却系统设计

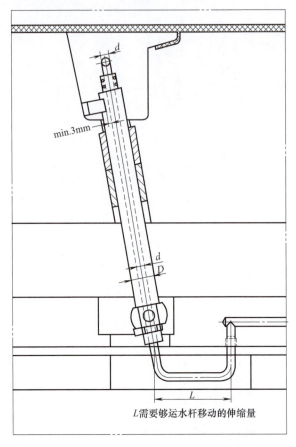

L需要够运水杆移动的伸缩量

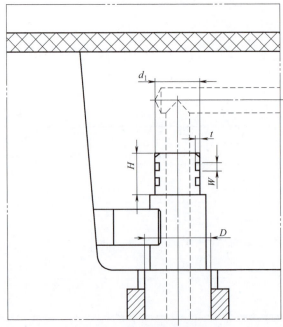

图9.29 斜顶块冷却系统设计

mm

d_1	H	W	t	胶圈规格（Hasco）
$\phi 16$	$\phi 10$	3.1	1.2	Z98/7.5/1.5
$\phi 20$	$\phi 12$	3.1	1.2	Z98/9.5/1.5
$\phi 24$	$\phi 16$	3.1	1.9	Z98/11.8/2.4
$\phi 20$	$\phi 20$	3.1	1.9	Z98/15.3/2.4

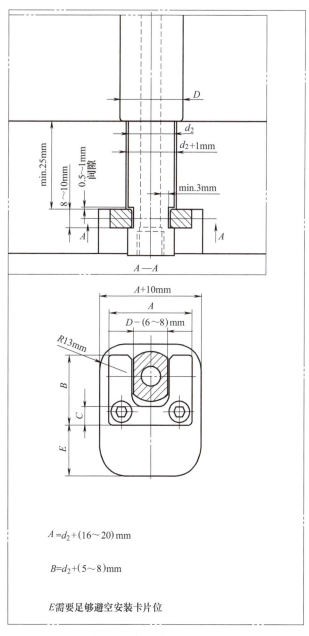

$A = d_2 + (16 \sim 20)\,\text{mm}$

$B = d_2 + (5 \sim 8)\,\text{mm}$

E 需要足够避空安装卡片位

图 9.30　斜顶块的推杆设计

9.5.5 冷却系统设计注意事项

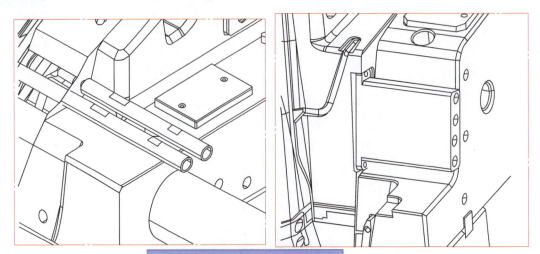

所有运动件的冷却水进出口优先设计在模具侧面，这样便于维护。

(a)

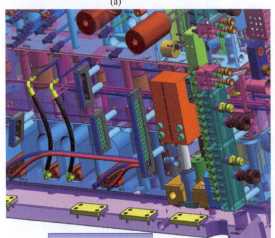

要设计运水支架。

(b)

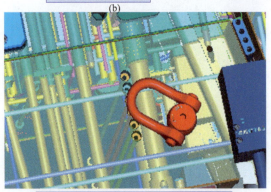

天侧吊环附近不能有进水管和水嘴因为吊钩和吊环会把水嘴压坏。

(c)

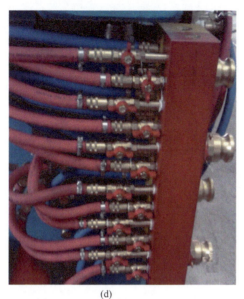

(d)

除客户另有特别要求外，不安装调节阀，调节阀的孔径较小，模具长期生产会阻死水路。

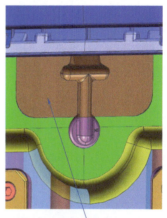

有成型流道的直顶、斜顶、镶件需要设计冷却水不。

(e)

外面的斜推因为吸收熔体热量较少，当长度小于400mm时，可不设计冷却水。

(f)

胶位内侧的直顶设计时应大不就小，目的是为了有空间设计冷却水，但在可能设计冷却水的前提下，尽量设计小一点。

(g)

图 9.31　冷却系统设计注意事项

9.6 保险杠注塑模具常见问题分析及解决措施

9.6.1 在试模过程中拉变形导向杆断裂

原因分析：黄色顶块是为了防止产品粘大斜顶而设计的，在设计上它和拉变形导向杆是一致的，但是由于在制作过程中存在一定的误差，所以当模具开模顶出时，黄色顶块没有和拉变形顶块做相对同步运动，而是提前顶住拉变形块，导致拉变形块不能顺利动作，此时导向杆断裂。

解决措施：将黄色顶块取消动作可以顺利完成。设计过程中避免此类结构做同步动作。

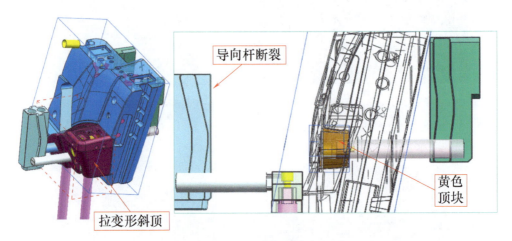

图 9.32 导向杆断裂

9.6.2 直顶擦伤定模

原因分析：在直顶靠近模具地侧，避免设计直接和定模相配的碰穿孔，因为在模具同步合模时，直顶因重力原因会有轻微下坠，这样会造成直顶擦伤定模，从而产生飞边。

解决措施：这类碰穿孔不要设计成强脱，需设计成定模抽芯或把这一侧设计在模具天侧。

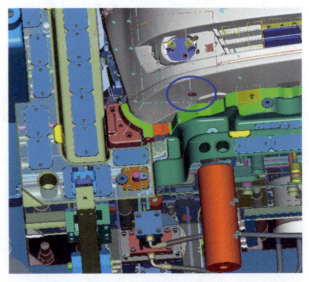

图 9.33 直顶擦伤定模

9.6.3 保险杠产品局部收缩大

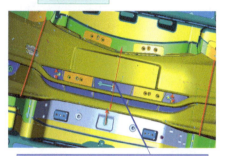

问题描述：塑件宽度小了约2mm。

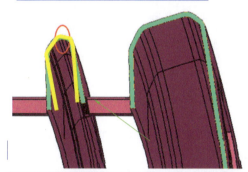

原因分析：动模冷却不良，因温度过高引起塑件变形。

产品切除胶料

预防措施
① 塑件此类结构会造成塑件内侧热量过于集中，而模具冷却水难以设计，此时要特别注意冷却水的设计。实在没有办法时可在动模设计铍铜镶件
② 建议客户修改塑件，将塑件下侧不影响外观处切除，这样可以增加模钢料，就有空间设计冷却水了。

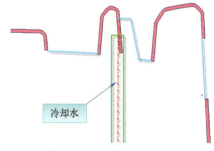

冷却水

图 9.34　保险杠产品局部收缩大

9.6.4 司筒和司筒内针顶弯或爆裂

原因分析：保险杠模具的司筒和司筒内针过长，有时甚至达到了 1000mm 以上，过长的尺寸易造成模具生产出问题。

解决措施：针对长度超过 600mm 的司筒，设计加长顶出杆，这样可以解决司筒和司筒内针顶弯或爆裂的现象。

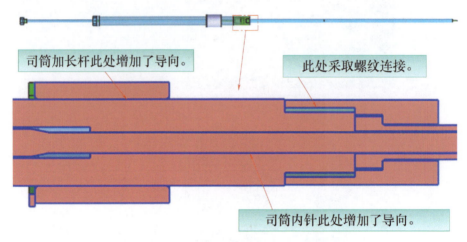

图 9.35　司筒和司筒内针弯曲或断裂

9.6.5 塑件表面有凹痕

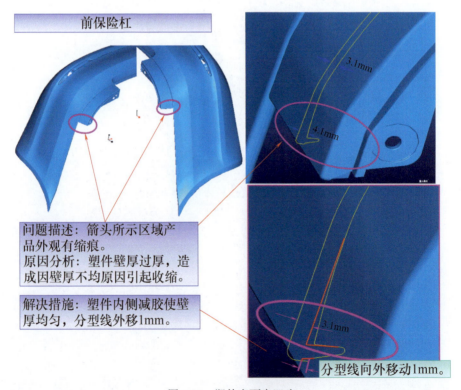

图 9.36　塑件表面有凹痕

9.6.6 热射嘴处漏胶

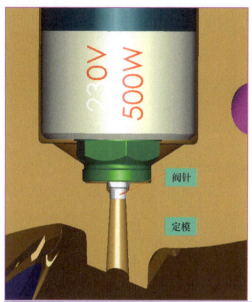

问题描述：反射片位置的热射嘴封不住胶。
原因分析：
① 前模热射嘴孔与热射嘴不能保证同轴度，加工上产生误差。
② 由于阀针需要经常运动，与定模产生摩擦，定模钢料的硬度比阀针的要软，时间长了产生磨损。

(a) 修改前

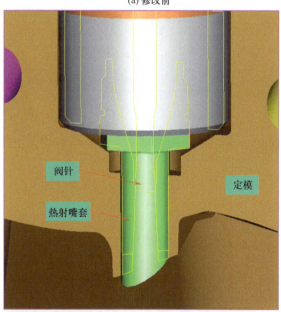

解决措施：热射嘴增加热射嘴套，阀针与热射嘴套配合封胶。

(b) 修改后

图 9.37 热射嘴处漏胶

9.6.7 塑件表面有顶块顶变形的痕迹

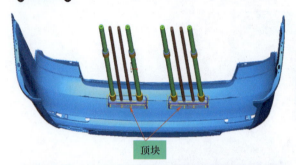

顶块

问题描述：塑件中间位置的顶块在塑件表面产生顶块印。
原因分析：
①顶块研配不到位，后经过多次研配，有所改善，但不能完全消除。
②此塑件动模侧光滑无加强筋，塑件中间产生真空，顶块顶出时受力大，产品表面产生顶块印迹。

解决措施：将①、②两项中的顶块更改为镶件。
长久措施：将此类型塑件设计推型芯结构，胶位平坦位置不能设计推块。

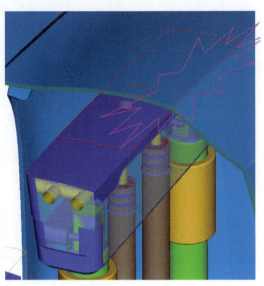

图9.38　塑件表面有顶块顶变形的痕迹

9.6.8 塑件通孔处有飞边

前保险杠

问题描述：插穿位置飞边严重。
原因分析：插穿角度过小，插穿面积过少。

解决方案：在塑件沟通前期做好分析，尽量将小插穿位更改为碰穿的形式。
无法更改处，插穿角度尽量加大，最小插穿角度不能小于7°。

图9.39　塑件通孔处有飞边

9.6.9 斜顶尾部将塑件顶变形

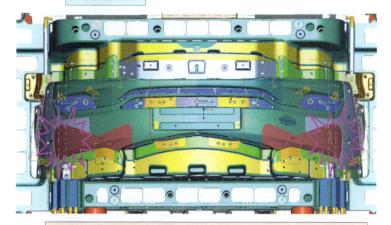

问题描述：斜顶尾部顶块印严重。
原因分析：
① 斜顶杆位置分布不均匀。
② 压斜顶的顶块过小，斜顶尾部受力不均。

解决方案：
① 斜顶杆尽量设计在斜顶的两端。
② 在塑件内部的斜顶一定要在分型面上设计顶块压复位，塑件顶块尽量设计大，增加受压面积。

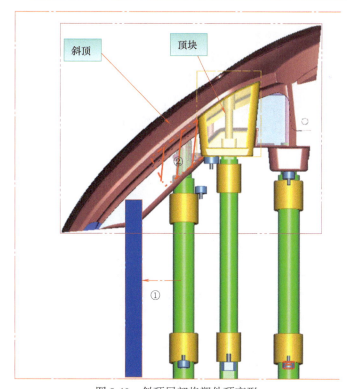

图 9.40　斜顶尾部将塑件顶变形

9.6.10 斜顶温度过高

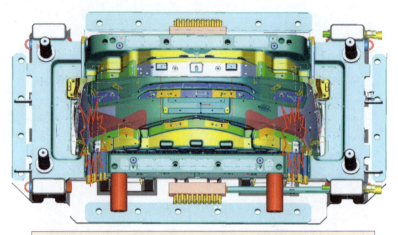

问题描述：斜顶温度过高，产品有顶块印迹。
原因分析：斜顶水路离边缘太远，无法有效冷却。

解决方案：调整斜顶水路，让水路最大限度冷却斜顶。

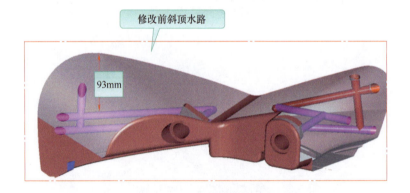

修改前斜顶水路

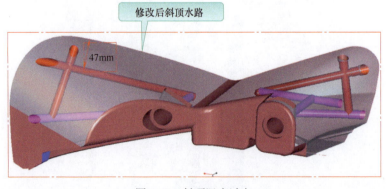

修改后斜顶水路

图 9.41　斜顶温度过高

9.6.11 塑件分型线处段差过大

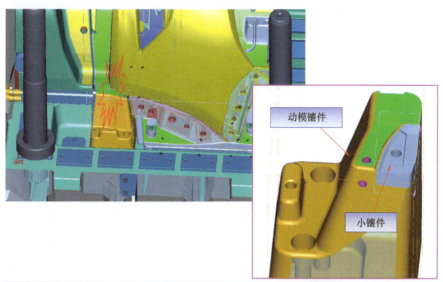

问题描述：塑件内分型转外分型位置的夹线段差大，装配在一起无法省夹口线。
原因分析：塑件位置设计有减胶槽，动模镶件上减胶槽的钢料挡住了分型线，无法进行夹线的研配。

解决方案：将动模镶件上的减胶槽位置设计成小镶件，需要研配夹线时将此小镶件拆除即可。

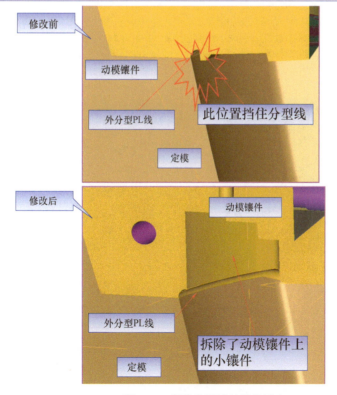

图9.42　塑件分型线处段差过大

9.6.12 塑件表面拖伤

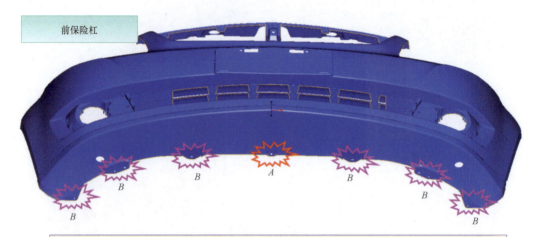

问题描述：对于前保险杠和扰流板为一整体的此类塑件，下侧的孔位拖伤严重。
原因分析：由于塑件下侧返边过高，产品收缩造成拖伤。

解决方案：
①条件允许时，此处孔位设计成抽的结构(开模前，孔位先脱模)。
②孔位设计为定模弹针结构，A处孔位脱模角度设计为45°。
③B处孔位脱模角设计为15°(此项要求适用于所有保险杠的弹针结构)。

A视图

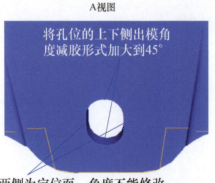

孔位两侧为定位面，角度不能修改。

B视图

图 9.43　塑件表面拖伤

9.6.13 塑件有熔接痕及困气

增加排气孔

问题描述：对于前保险杠中格栅为一整体的此类塑件，中格栅位置产生熔接痕及困气。
原因分析：塑件中间碰穿位置较多，产生熔接痕。

解决方案：在每一个碰穿位置增加排气孔，将气引出去。

图 9.44　塑件有熔接痕及困气

9.6.14 斜顶擦伤

斜顶背面角度 β。

顶出角度 α。

问题描述：斜顶背面擦伤，产生毛边。
原因分析：斜顶背部角度过小，硬度不够，斜顶孔加工产品误差，斜顶容易擦伤。

解决方案：
① 斜顶需进行氮化处理。
② 斜顶背部角度 β 需比顶出角度 α 大2°以上。$\beta \geqslant \alpha + 2$。

图 9.45　斜顶擦伤

9.6.15 塑件粘定模

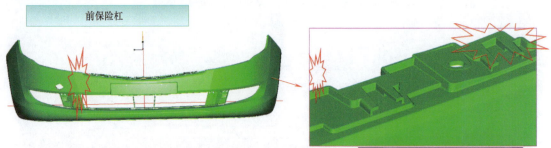

问题描述：塑件粘定模，造成塑件拉伤。
原因分析：塑件定模侧筋位过多，筋位的脱模角度小。

解决方案：
①定模塑件分析时告知客户此风险，建议更改塑件结构。
②在动模侧设计顶块，利用顶块将塑件固定在动模侧。

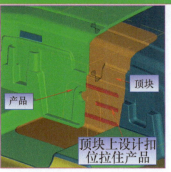

图 9.46　塑件粘定模

9.6.16 塑件格栅变形

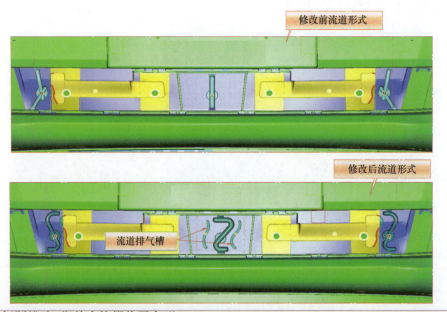

问题描述：塑件中格栅位置变形。
原因分析：塑件中格栅长度过长并且无支撑，流道在收缩过程中将塑件拉变形。
解决方案：流道更改为S形，流道有收缩过程不会直接拉塑件变形；并在流道两侧增加排气槽。

图 9.47　塑件格栅变形

9.6.17 塑件通孔处有飞边

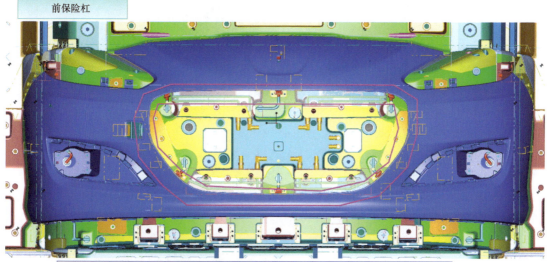

问题描述：塑件中间碰穿位置飞边严重。
原因分析：
①塑件中间碰穿位置设计6个进胶口，压力过大。
②大推块中间位置避空过大，引起变形。
解决方案：进胶口尽量不要集中设计到一起，尽可能设计到产品外侧。

图9.48　塑件通孔处有飞边

参 考 文 献

[1] 张维合. 注塑模具复杂结构100例. 北京：化学工业出版社，2010.
[2] 张维合. 注塑模具设计实用手册. 北京：化学工业出版社，2011.
[3] 张维合. 注塑成型工艺与模具设计. 北京：化学工业出版社，2014.
[4] 张维合. 注塑模具设计经验技巧与实例. 北京：化学工业出版社，2015.
[5] 张维合. 注塑模具设计实用教程. 北京：化学工业出版社，2007.
[6] 黄虹. 塑料成型加工与模具. 北京：化学工业出版社，2003.
[7] 屈华昌. 塑料成型工艺与模具设计. 北京：机械工业出版社，1996.
[8] H.瑞斯. 模具工程. 朱元吉等译. 北京：化学工业出版社，2009.
[9] 张维合，邓成林. 汽车注塑模具设计要点与实例. 北京：化学工业出版社，2016.